HARMONIELEHRE

Eine Berliner Umbruchsgeschichte

CONSTANTIN GOSCHLER (1960) ist Professor für Zeitgeschichte an der Ruhr-Universität Bochum. Er forscht vor allem zur Geschichte von Wiedergutmachung und Vergangenheitspolitik, aber auch zur Geschichte von Geheimdiensten und anderen geheimnisvollen Organisationen sowie zur Geschichte der politischen Kultur. Er ist Autor zahlreicher Bücher und Mitherausgeber des „Jahrbuchs Deutsche Einheit".

STEFAN PULTE (1998) studierte Geschichte und Politikwissenschaft an der Ruhr-Universität Bochum, wo er als wissenschaftlicher Mitarbeiter an einer Dissertation zur Geschichte der Münchner Sicherheitskonferenz von 1963 bis 2007 mit dem Titel „Sicherheitspolitik im transatlantischen Diskurs" arbeitet. Zu seinen Forschungsinteressen zählen die Geschichte des Kalten Kriegs, Intellectual History und Transformationsgeschichte.

TANJA RUZICSKA (1973) ist freie Lektorin. Als Sparringpartnerin für wissenschaftliche Autorinnen und Autoren entwickelt sie Buchprojekte in den Bereichen historisches und erzählerisches Sachbuch sowie Debatte, darunter Themen wie Klima, soziale Werte, Transformation und KI.

Constantin Goschler · Stefan Pulte
in Zusammenarbeit mit Tanja Ruzicska

HARMONIELEHRE

Eine Berliner Umbruchsgeschichte

Die Gründung der Rundfunk Orchester
und Chöre gGmbH Berlin

METROPOL

Da sich bislang noch keine verbindliche Schreibkonvention durchgesetzt hat, verwenden wir in diesem Text weiterhin das generische Maskulinum und bemühen uns zugleich um eine kontextsensible Berücksichtigung von Geschlechtern.

ISBN: 978-3-86331-768-3

Druck: AALEXX Druck Produktion, Großburgwedel

Inhalt

Anhang

Vorwort

Im Jahr 2024 feiert die Rundfunk Orchester und Chöre gGmbH Berlin, kurz: ROC, ihr dreißigjähriges Bestehen. Auf den ersten Blick mag dieses Jubiläum bescheiden erscheinen, schließlich blicken die Ensembles, die in der ROC beheimatet sind, auf viel längere Traditionen zurück: Das Rundfunk-Sinfonieorchester Berlin (RSB) entstand 1923 mit der Einführung des Radios als erstes deutsches Funkorchester. Zwei Jahre später wurde der Rundfunkchor Berlin gegründet, der 2025 seinen einhundertsten Geburtstag feiert. Beide Klangkörper bildeten 1989 einen Teil des Erbes, welches das DDR-Radio hinterließ. Die beiden anderen Ensembles – das heutige Deutsche Symphonie-Orchester Berlin (DSO) und der RIAS Kammerchor Berlin – sind eng mit der Gründung und Entwicklung der öffentlich-rechtlichen Rundfunkmusik im Westberlin der Nachkriegszeit verbunden und spielen seit über 75 Jahren eine herausragende Rolle im Berliner Musikleben.

Warum sich für die ROC der Blick zurück dennoch schon nach dreißig Jahren lohnt, hängt mit ihrer ungewöhnlichen Entstehung und dem wechselvollen Verlauf ihrer Firmengeschichte zusammen. Wie dieses Buch schildert, fiel die Gründung der ROC in eine Zeit des Umbruchs und der Unsicherheit, als die deutsche Einigung eine Vielzahl etablierter Strukturen infrage stellte oder hinfällig werden ließ. Zu diesem Zeitpunkt entsprach Harmonie wohl allenfalls einem Wunsch und einem Bedürfnis nach Ordnung. Man könnte noch weiter gehen und resümieren, dass die „Harmonielehre" als musikalische Fundamentallogik und organisches Prinzip des Musizierens im Ensemble eine Zeit lang die wichtigste konstante Größe bildete – und eine der wenigen Gewissheiten bot, die die Klangkörper weiterarbeiten ließ.

Wenn die von vier Gesellschaftern getragene ROC-Gesellschaft mittlerweile als Erfolgsmodell gilt – als Benchmark auch in der aktuellen Diskussion um den Auftrag des öffentlichen Rundfunks und die Zukunft der Rundfunkensembles –, so war dies keinesfalls vorherzusehen. Zu neu und unerprobt war 1994 die Trägerschaft von Kultureinrichtungen in Privatrechtsform, zumal in dieser Größe: Zwischen Ost und West entstand eine Holding, die vier starke musikalische Marken unter einem Dach vereint, eine Zweckgemeinschaft, die noch heute Deutschlands größter Ensembleverbund ist. Zudem mit mehreren Gesellschaftern, von denen zwei ihr Geld aus Rundfunkbeiträgen und die beiden anderen aus Steuermitteln, die politisch-parlamentarischen Beschlüssen vorbehalten sind, generieren. Konfliktlinien schienen also vorprogrammiert.

Und heute? Die vier (der ursprünglich fünf) verbliebenen Ensembles sind erfolgreich wie kaum zuvor: National und international gefragt, preisgekrönt für ihre musikalische Exzellenz und beständige Innovationsfreudigkeit, erzielen sie eine enorme Reichweite. Nicht nur durch die regelmäßigen Rundfunkübertragungen, Tonträgerproduktionen und die On-demand-Angebote. Auch die Live-Veranstaltungen erreichen aktuell – und mit weiterhin steigender Tendenz – wieder so viele Menschen in Berlin wie vor der Corona-Pandemie. Das ist eine eher singuläre Erscheinung im konzertanten Berlin. Zudem bietet die ROC das weitreichendste Musikvermittlungsprogramm der Hauptstadt.

Dieser Erfolg verpflichtet. Nicht von ungefähr entwickelt die ROC seit wenigen Jahren ein eigenes und neues Verständnis sowohl von einer zukunftsfähigen Unternehmenskultur, von der Wirkung ihrer Leistungen für Menschen und Gesellschaft, von der Nachhaltigkeit des eigenen Handelns als auch von der Rolle eines Medienensembles im 21. Jahrhundert, das die barrierefreie Erreichbarkeit ihrer Musik in den Vordergrund stellt und den Kundenservice enorm ausbaut. Dazu wurde ein umfangreiches Investitionsprogramm – vor allem für die digitale Infrastruktur – aufgelegt, das die Gesellschafter finanziell unterstützen.

Vieles muss also doch richtig gelaufen sein. Sowohl in den dreißig Jahren der Firmenexistenz – trotz wiederkehrender finanzieller Unsicherheiten und organisatorischer Herausforderungen – als auch mit der Gründung der ROC selbst. Ein Blick auf die Geschichte der ROC verdeutlicht, dass ihr Erfolgsweg nicht auf der Hand lag. Vielmehr war er das Ergebnis eines komplexen Prozesses, in dem unterschiedliche Interessen und Strategien aufeinandertrafen und zu einer einzigartigen Lösung führten. Die ROC gGmbH ist ein beeindruckendes Beispiel dafür, wie aus der Zusammenarbeit verschiedener Akteure aus Politik, Kultur und Gesellschaft etwas Großes entstehen kann – auch hier also Harmonielehre im weitesten Sinn.

Dieses Buch widmet sich der detaillierten Aufarbeitung der historischen Entwicklungen, die zur Entstehung der ROC führten, und analysiert die sich daraus ergebenden Herausforderungen und Erfolge des Unternehmens. Wir hoffen, damit sowohl eine wissenschaftliche als auch kulturinteressierte Leserschaft anzusprechen. Die prägnanten Darlegungen des Autorenteams bieten einen tiefgehenden Einblick in die geschichtlichen, politischen und kulturellen Aspekte der Gründung der ROC und zeigen auf, wie eine Organisation im Spannungsfeld zwischen Notlösung und Erfolgsmodell agiert. Als zeithistorisch fundierte Reflexion über das Selbstverständnis der ROC trägt dieser Band zum Verstehen der Rolle und der Bedeutung kultureller Institutionen in Transformationsprozessen bei.

Anselm Rose
Geschäftsführer der ROC gGmbH Berlin, im August 2024

Dissonanzen der Einheit

Mit der deutschen Vereinigung, die am 3. Oktober 1990 durch den Beitritt der DDR zur Bundesrepublik vollzogen wurde, zeichnete sich ein Ende des Ost-West-Konflikts ab, als dessen globales Symbol sich die geteilte Stadt Berlin etabliert hatte. Die nach dem Mauerfall im November 1989 und dem darauf einsetzenden Einigungsprozess zunächst vorherrschende euphorische und optimistische Stimmung hatte sich jedoch schon bald verdüstert: Im Westen der Bundesrepublik kursierte die Sorge, die deutsche Einigung könne Wohlstandsverlust bedeuten. Im Osten des neuen Landes dominierten hingegen Abstiegs- und Verlustängste, die sich schließlich zu einem kollektiven Entwertungsgefühl verdichteten. Munkelten die einen von Transferunion, raunten die anderen von Kolonisierung. Wie auch immer die Menschen in den verschiedenen Teilen Deutschlands die Entstehung des neuen Staates wahrnahmen: Fest steht, dass der Osten viel massiver von realen Veränderungen betroffen war als der Westen, wozu vor allem die Folgen der Privatisierung der Wirtschaft und die damit verbundene Massenarbeitslosigkeit zählten.

In Berlin trafen die Folgen des Kalten Krieges und die Herausforderungen des Einigungsprozesses weit stärker aufeinander als andernorts. Das in der Zeit der Ost-West-Teilung entwickelte Selbstverständnis der getrennten Stadthälften, das zwischen „Frontstadt" und „Schaufenster" changierte, hatte auf beiden Seiten der Mauer das Lebensgefühl der Menschen beeinflusst, Identitäten und Mentalitäten geprägt. Dies wirkte auch im wiedervereinigten Berlin, das sich allmählich auf seine neue Hauptstadtrolle vorbereitete, noch lange nach. Und noch etwas unterschied Berlin im Vergleich zu anderen Orten Deutschlands: Hier zeigten sich die Auswirkungen der deutschen Einigung auch unmittelbar im Westen – was insbesondere für

Westberliner Einrichtungen galt, die ihren Daseinszweck vor allem der Logik der deutschen Teilung und des Kalten Krieges zu verdanken hatten. Existenzängste infolge der deutschen Einigung herrschten daher nicht wie sonst vor allem auf ostdeutscher Seite, wo sie durchgehend ein besonders heftiges Ausmaß annahmen, sondern gehörten in Berlin auch auf westdeutscher Seite zur Vereinigungserfahrung.

Mit dem Fall der Mauer betrat die alte Frage nach der deutschen Identität erneut die Bühne. Wer wollte man, frisch vereinigt, sein?[1] Inmitten eines weiten Antwortspektrums, das von „*Wir* sind das Volk" bis zu „Wir sind *ein Volk*" reichte, trieb auch die Idee der deutschen Kulturnation wieder zarte Blüten und schien sich – angesichts des sich schnell etablierenden stereotypischen Gegensatzes von „arroganten Wessis" und „jammernden Ossis" – als ein verbindendes Element anzubieten. In der landesweiten Auseinandersetzung um die Abwicklung der ostdeutschen Industrie sowie sogenannter personeller „Altlasten" im Zuge der Stasi-Debatte schrieb man der Kultur eine besondere Rolle zu. Sie schlug sich gerade auch in der neu zusammengefügten Berliner Musiklandschaft nieder, die durch die Frage erschüttert wurde, wie sie in der vereinigten Stadt lebensfähig gemacht werden sollte.

Was sich auf den ersten Blick als unverhoffter Reichtum darstellte, brachte sogleich enorme Probleme mit sich: Wer sollte die beeindruckende Berliner Vielfalt an Orchestern und Chören, von denen ein Teil mit Rundfunksendern verbunden war, finanzieren? In einem Berlin, das plötzlich nicht mehr den Status einer doppelten Subventionsinsel des Kalten Krieges genoss? Kulturschaffende, Politiker und Journalisten, die ob der überwältigenden Masse und Komplexität der Fragen, die angesichts der Wiedervereinigung insgesamt auf sie hereinstürmten, eine Reihe schlafloser Nächte verbracht haben mögen, standen vor einer spezifischen Herausforderung: Wie würde die Wiedervereinigung im Kleinen, die hier stattfand, von den Dynamiken der Wiedervereinigung im Großen beeinflusst werden, die sich, wie bald deutlich wurde, hauptsächlich als ein Anpassungsprozess des Ostens an den Westen darstellte? Und wie würden in diesen Dissonanzen des

Vereinigungsprozesses die unterschiedlichen Musikkulturen der beiden Stadthälften, die sich im kulturpolitischen Koordinatensystem des Kalten Krieges entwickelt hatten, zusammenfinden? Und was bedeutete dies alles konkret für die Musikerinnen und Musiker der Orchester und Chöre der Stadt? Die hier vorgestellte *Harmonielehre* erzählt die Geschichte dieser Herausforderungen.

*

Die Situation, vor der die Klangkörper im Ostteil der Stadt standen, beschreibt Hans-Hermann Rehberg, der damalige Direktor des Rundfunkchors Berlin, „dem größten europäischen Konzertchor",[2] wie er von seinen Unterstützern damals genannt wurde, folgendermaßen: „Die vier Jahre von 1990 bis 1994 waren eigentlich mit Überlebenskampf gefüllt. Das hieß, dass man jeden Tag ein anderes Konzept machte und andere Zahlen kreierte, [...] weil es regelmäßig andere Botschaften gab, wo die Reise hingehen könnte." Nach dem Mauerfall im November 1989 habe man sehr bald bemerkt, „dass in dieser Stadt alles mehrfach existierte. Und da packte jeder seine Ellenbogen aus und versuchte seinen Platz zu sichern". Der Anfang vom Ende der DDR war für ihn zugleich der Auftakt zu einer „gesetzlose[n] Übergangszeit". Rehberg, der seit 1981 zunächst als Sänger und seit September 1990 als Leiter des Ostberliner Chores tätig war, sah seine Aufgabe nun vor allem darin, für sein Ensemble „einen Weg zu finden, es neu zu platzieren in der größer gewordenen Welt".[3]

Die „größer gewordene Welt" verursachte für die Chöre und Orchester der ehemaligen DDR einen „Freiheitsschock", wie der ungarische Historiker György Dalos die Transformation treffend charakterisierte:[4] Dieser Schock eröffnete neue Spielräume in der Programmgestaltung sowie bei den Aufstiegschancen und ermöglichte mitunter bessere Arbeitsbedingungen – beispielsweise finanzierte die Bundesregierung 1990 aus einem Übergangsfonds Gehaltserhöhungen für Orchestermusiker von 200 DM pro Monat.[5] Aber er brachte auch Unsicherheiten und einen ungekannten Handlungsdruck mit sich, der die Chöre und Orchester im Rahmen der öffentlichen Kulturförderung zwang, die eigene Arbeit politisch zu rechtfertigen.[6]

Bereits im Frühjahr 1990 stellte eine zeitgenössische empirische Sozialstudie fest, dass ostdeutsche Orchestermusiker – und Gleiches dürfte für Choristen gegolten haben – die finanzielle Zukunft ihrer Klangkörper überaus pessimistisch einschätzen, während sie die künstlerische Entwicklung und deren Anerkennung positiv bewerteten.[7] Der *Spiegel* fasste im Februar das Stimmungsbild in der ostdeutschen Musikszene zusammen: „Linientreue Musiker haben verspielt, Nachwuchskünstler wandern ab, die Orchester maulen – der Musikbetrieb in der DDR ist missgestimmt."[8]

Im Dezember des Vorjahres hatte Dietmar Keller, Kulturminister der letzten SED-Regierung, die Einführung von Marktmechanismen in den Kulturbetrieb in Aussicht gestellt, von denen er erwartete, dass sie bald die „Spreu vom Weizen" trennen würden. Damit hatte er nicht nur einen Sturm der Entrüstung unter ostdeutschen Kulturschaffenden ausgelöst,[9] sondern auch den von Rehberg beschriebenen „Überlebenskampf" eingeleitet, der sich in zunehmend skeptischen Einschätzungen der Zukunft der ostdeutschen Kulturlandschaft manifestierte. Die *Frankfurter Rundschau* fragte, ob ein „‚kulturpolitische[r]' Kahlschlag" und ein „kulturelle[s] Ödland" drohten. In der *ZEIT* war ein Jahr nach dem Mauerfall gar von einem „blutigen Gemetzel" die Rede, bei dem einem „großen Teil der Menschen in den Kulturberufen [...] ihre Entbehrlichkeit bescheinigt" würde.[10] Was waren die Gründe für diese düsteren Prognosen, die im komplexen Puzzle des Einigungsprozesses einen Vorgang skandalisierten, der beispielsweise in der Industrie von der westdeutschen Öffentlichkeit gewöhnlich achselzuckend hingenommen wurde?

Geht man für eine konkrete Bestandsaufnahme fünf Jahre zurück, zeigen sich beachtliche Zahlen. 1985 zählte die DDR über 2600 Klangkörper: 88 staatliche Berufsorchester, 150 Kammer- und Laienorchester sowie 2370 Chöre.[11] Mit 76 professionellen „Kulturorchestern" im Jahr 1989 besaß die DDR eine höhere Orchesterdichte als jedes andere Land der Welt. Kam in der DDR auf eine knappe Viertelmillion (circa 220 000) Einwohner ein Orchester, waren es in der Bundesrepublik, dem Staat mit der zweithöchsten Orchesterdichte, mehr als dreimal so viele Köpfe (691 000 Einwohner), die auf ein einzelnes Ensemble entfielen. Zum Vergleich: In Großbritannien kamen durchschnittlich fast dreißig Mal so viele Einwohner auf ein Orchester – hier versorgte ein einziges Ensemble über sechs Millionen Menschen.[12]

Diese in der DDR angelegte, flächendeckende Kulturversorgung beruhte auf der Überzeugung, dass Musik eine transformative und gesellschaftsprägende Kraft besitze, die sich die SED zunutze machen wollte, um die sozialistische, antifaschistische und nationale Identität des Staates zu formen: Die DDR sollte ihre Bezugspunkte sowohl in der Ideologie des Marxismus-Leninismus als auch in der deutschen Vergangenheit als „Kulturnation" sehen. Entsprechend schrieben Quoten vor, wie viel klassisches Repertoire und wie viel zeitgenössisch-sozialistische Komposition zu spielen waren. Da die Musikpolitik der DDR den Anspruch erhob, den Zugang zur Hochkultur zu demokratisieren, gab es auch Vorgaben, wie häufig Auftritte in der „Provinz", etwa in Kombinaten, Landwirtschaftlichen Produktionsgenossenschaften (LPG) und Fabriken stattzufinden hatten – sie galten für die Kreiskulturorchester ebenso wie für die Landessinfonieorchester und sogar die sieben „republikwichtigen Orchester", so die zeitgenössische Bezeichnung. Selbst die Musiker wurden nach Vorspielen bei der Kommission der Direktion für Theater und Orchester planmäßig den Orchestern nach drei Qualitätsklassen A, B und C zugeordnet. Die Musikpolitik der SED war aber nicht nur nach innen gerichtet, sondern immer auch Teil ihrer Anerkennungs- und Deutschlandpolitik. Nach außen sollte die DDR eine „gebildete Nation" darstellen und sich im Systemwettstreit als der BRD kulturell überlegen profilieren.[13]

Bis in die 1960er-Jahre hinein verbuchte die zentralistisch-planende Musikpolitik bei der Verbreitung klassischer Musik große Erfolge, auch wenn ihre Programmgestaltung schon früh an die Grenzen stieß, die der Gestaltungswille der Ensembles und die Präferenzen des Publikums ihr boten.[14] In der Spätphase der DDR häuften sich allerdings Probleme: Instrumente wurden zunehmend zur Devisenbeschaffung verscherbelt, und es fehlten immer häufiger gut ausgebildete Musikerinnen und Musiker, um die vielen Ensembles adäquat zu besetzen. In den Umbruchsjahren verzeichneten die Zuhörerzahlen einen rasanten Rückgang: Zwischen 1985 bis 1991 führten die verteuerten Eintrittspreise dazu, dass das Publikum um etwa ein Drittel schrumpfte. Weitere kollektive Konzertbesuche – bis dahin hatten sie abseits der Großstädte zahlreiche Säle gefüllt – fielen weg, nachdem viele Betriebe, die in der „Arbeitsgesellschaft DDR“ das soziale und kulturelle Leben strukturiert hatten, schließen mussten.[15] Mit der sich abzeichnenden deutschen Einheit und dem Verlust der zentralstaatlichen Musikförderung stand für die Mitarbeiter des Kultusministeriums der Regierung de Maizière fest, dass, wie sich der damalige Referent Martin Eifler erinnert, „dieser Teil eines vereinigten Deutschland[s] seine ehemals 88 staatlich finanzierten Orchester nicht halten können würde. Die Erosion begann mit solchen Orchestern, deren Träger mit der Vereinigung verschwanden.“[16]

Dass sich die ostdeutsche Musiklandschaft bei aller notwendigen regionalen Differenzierung im historischen Rückblick insgesamt als resilienter erwiesen hat, als viele Zeitgenossen vermuteten – noch immer entfällt etwa ein knappes Drittel (32 Prozent) der öffentlich finanzierten Orchesterplanstellen bei einem Bevölkerungsanteil von weniger als einem Fünftel (circa 17,5 Prozent) auf das Gebiet der neuen Bundesländer[17] –, darf nicht den Blick auf die zeitgenössische Wahrnehmung der Problemlage und Unsicherheitserfahrungen der Musikerinnen und Musiker verstellen: Wie und ob die neuen Bundesländer und Kommunen als Hauptzuständige für die Musikfinanzierung im für sie noch unbekannten kulturpolitischen Föderalismus des vereinten Deutschlands unter marktwirtschaftlichen Bedingungen die „kulturelle Substanz“ des Beitrittsgebietes würden überführen können, war angesichts der sich zur Jahreswende 1990/1991 eintrübenden wirtschaftlichen Aussichten – trotz Unterstützung des Bundes – vollkommen offen.[18] Schließlich unterhielt die DDR nicht nur ein – im Verhältnis zu ihrer Bevölkerungsgröße und Wirtschaftskraft – überdimensioniertes Chor- und Orchesterwesen, sondern insgesamt mehr als 20 000 staatlich gelenkte Kultureinrichtungen, darunter allein 183 Theater und 692 Museen.[19]

Überhaupt stellte sich mit dem Wegfall der Bezirksstruktur der DDR und der Neuordnung der Landkreise nach der Vereinigung oft erst einmal die Frage der administrativen Zuständigkeit.[20] Die initiale Einheits-Euphorie und die Aufbruchstimmung, die das Jahr 1990 begleitet hatten, verflogen rasch und wichen tiefgreifenden Verlustängsten. Symbolisch für diesen Stimmungsumschwung steht die Wiederaufnahme der Montagsdemonstrationen in Leipzig im März 1991.[21]

Und im Westen des Landes? Obwohl sich die deutsche Einheit im Bewusstsein vieler Westdeutscher zunächst unter dem Motto vollzog, dass sich im „Osten fast alles, dagegen im Westen fast nichts" ändern müsse,[22] zeichnete sich bereits im Frühjahr 1990 ab, dass die deutsche Einheit starke Auswirkungen auf die Chor- und Orchesterkultur der Bundesrepublik und vor allem auch Westberlins haben würde. Wie geschildert, hatte der Kalte Krieg Berlin jenen enormen Klangkörperreichtum beschert, der aus den von Rehberg eingangs beschriebenen Doppelstrukturen in den geteilten Stadthälften resultierte. In Zahlen gesprochen: 1990 existierten in Berlin allein 18 Orchester. Ging die Gesamtzahl öffentlich finanzierter Orchester in den zehn Jahren nach der deutschen Einheit in Ostdeutschland um ein Drittel, in Westdeutschland um ein Fünftel zurück, so schrumpfte die Zahl der Berliner Orchester in diesem Zeitraum um die Hälfte auf neun Orchester.[23]

Als „Frontstadt" beziehungsweise „Schaufenster" hatte Berlin in Ost und West im Fokus staatlicher Repräsentationspolitik gestanden und war zu einem zentralen Austragungsort des kulturellen Systemwettstreits avanciert.[24] Als die Stadt an der Spree mit der sich abzeichnenden Einheit diese Stellung einbüßte – und somit auch die daran gekoppelten Subventionen –, schlug sich dies rasch auch in den Kassen des Westteils der Stadt nieder: Während sich der seitens der Stadt bestrittene Kulturetat von 500 Millionen DM im Jahr 1990 auf knapp 1 Milliarde DM nach der Vereinigung im Jahr 1991 fast verdoppelte, fielen die Kultursubventionen des Bundes von 210 Millionen im Jahr

1991 auf Null im Jahr 1994, bevor sie im Rahmen der sogenannten Hauptstadtförderung wieder erheblich anstiegen.[25]

Angesichts der vielfältigen innen- und außenpolitischen Herausforderungen der Vereinigung hatten kulturpolitische Fragen auf Bundesebene, aber auch für das Land Berlin nur geringe Priorität: Mit der Wirtschafts-, Währungs- und Sozialunion im Juli 1990 verlor die Ostberliner Industrie mit einem Schlag ihre Wettbewerbsfähigkeit. Keines der Berliner Kombinate überlebte. Im Gegensatz zu den „Boomtowns“ des ehemaligen Ostblocks wie Warschau, Prag und Budapest stagnierte die Berliner Wirtschaft in den 1990er-Jahren.[26] „Zuletzt: Kultur“ lautete vor diesem Hintergrund der programmatische Titel der Erinnerungen des unter Eberhard Diepgen (CDU) zum Kultursenator des vereinten Berlins ernannten Ulrich Roloff-Momin, in denen er enttäuscht den Stellenwert der Kulturpolitik im politischen Diskurs der 1990er-Jahre beschreibt, die in den Senatssitzungen – daher der Titel – stets an letzter Stelle stand.[27]

Die deutsche Einheit stellte die Stadt nicht nur vor ökonomische Herausforderungen: Nachdem die „Insel“ Berlin zum „Festland“ geworden war, musste sich die Stadt, deren politisches Selbstverständnis maßgeblich auf dem Anspruch beruhte, „Vorposten der Freiheit“ zu sein, neu erfinden, zumal die Frage der Verlegung des Regierungssitzes im Einigungsvertrag aus dem August 1990 noch unbeantwortet blieb – dies änderte sich erst ein knappes Jahr später mit dem Hauptstadtbeschluss vom 20. Juni 1991 und nach langen Auseinandersetzungen um das Berlin/Bonn-Gesetz im Jahre 1994.[28] „Über Berlin“, erinnerte sich der damals amtierende Regierende Bürgermeister der vereinten Stadt Eberhard Diepgen später, „schwebte immer die Hauptstadtfrage“.[29]

Der wichtigste „Transmissionsriemen“ zwischen den Musiklandschaften Westberlins, der BRD und der DDR war der Wandel des Rundfunksystems im vereinten Deutschland. Dies ist auf die – im internationalen Vergleich – in dieser Form einmalige Rolle zurückzuführen, die der öffentlich-rechtliche Rundfunk bei der föderalstaatlich organisierten Musikförderung durch den Unterhalt eigener Ensembles einnahm. Diese deutsche Besonderheit ist das Resultat einer langfristigen historischen Entwicklung: Im Gegensatz zur angelsächsischen „Marktkultur“, in der sich Orchester und Chöre fast ohne staatliche Zuwendungen finanzieren, existiert in Deutschland eine „Staatskultur“, deren Genese sich historisch bis in die höfische Patronage der deutschen Kleinstaaterei zurückverfolgen lässt.[30]

Von der anderen Seite des Atlantiks warf man bewundernde Blicke auf diese *German Tradition*[31] der Rundfunkklangkörper, deren Unabhängigkeit und künstlerisches Niveau in scharfem Kontrast zu dem unter kommerziellen Zwängen stehenden Radio in den USA wahrgenommen wurden. Das Radio, schwärmte 1975 etwa der österreichisch-amerikanische Komponist Ernst Krenek, habe in der Bundesrepublik eine „fantastische Macht“ besessen: „Jeder Radiosender hat sein eigenes Orchester. Die besten Orchester sind die Radioorchester.“ Der Musikjournalist Everett Helm schrieb 1963, dass der Rundfunk in Europa das Mäzenatentum des Adels und des Bürgertums übernommen habe: „Ohne den Rundfunk wäre das intensive Musikleben des heutigen Europa undenkbar.“[32]

Die Befreiung von kommerziellen Zwängen erlaubte es dem öffentlich-rechtlichen Rundfunk, die Produktion und Ausstrahlung Neuer Musik zu fördern und eigene Kompositionen in Auftrag zu geben.[33] Dienten die Rundfunkklangkörper in der Nachkriegszeit zunächst der Programmversorgung, so füllten sich im Laufe der Jahre die Archive der Sender. Auch aus Kostengründen – Produktionen waren teuer – gingen sie dazu über, eigene Einspielungen durch Schallplattenaufnahmen und ältere Mitschnitte zu ersetzen. Damit rückte die eigentliche *raison d'être* der Rundfunkklangkörper in den Hintergrund, und die Tätigkeit und das Profil der Rundfunkklangkörper näherten sich bereits vor der deutschen Einheit jenen der Konzertklangkörper an.[34] In der sinkenden Bedeutung der Ensembles für die Rundfunkanstalten dürfte langfristig ein zentraler Grund dafür liegen, dass Deutschland seit 1990 fast vierzig Prozent seiner Rundfunkorchester verlor.[35] Zum Teil geht dieser Rückgang damit auf Umwälzungen zurück, die sich unabhängig vom Einigungsprozess vollzogen, durch diesen aber verstärkt wurden: Im Verlauf der 1990er-Jahre verschärfte sich nicht nur die Konkurrenz unter den Klangkörpern. Auch der öffentlich-rechtliche Rundfunk geriet durch private Anbieter zunehmend unter Druck – hier spielte auch hinein, wie die Bevölkerung in den neuen Bundesländern Medien nutzte.[36]

Zurück in das Jahr 1990. Die Rundfunkensembles spielten für die Musikförderung eine zentrale Rolle, und Veränderungen in der öffentlich-rechtlichen Rundfunkordnung wirkten sich direkt auf die Rundfunkklangkörper Westberlins und der Bundesrepublik aus. Die Umwälzung der deutschen Musiklandschaft tangierte die „große Politik" auf diesem Wege ganz unmittelbar: Nachdem Moskau am 10. Februar, wie Bundeskanzler Helmut Kohl es ausdrückte, „grünes Licht" dafür gegeben hatte, dass die DDR und die BRD selbst über die Frage der deutschen Einheit entscheiden konnten, fand am 18. März 1990 die erste freie Volkskammerwahl statt, die die Regierung Kohl mit ihrem Zehn-Punkte-Plan zu einem Referendum über die deutsche Einheit gemacht hatte. Aus dieser Wahl ging die „Allianz für Deutschland" als Sieger hervor, womit endgültig die Weichen für eine schnelle Vereinigung im Modus des „Beitritts" der DDR zur Bundesrepublik gestellt waren.[37] In der damit eingeleiteten Politik der Angleichung an das westdeutsche Rechts- und Wirtschaftssystem nahm die Frage der Rundfunkneuordnung einen wichtigen Platz ein. Denn der Rundfunk der DDR galt trotz seiner seit November 1989 einsetzenden Teildemokratisierung „von unten" als wichtiges Propagandainstrument des SED-Regimes.[38]

Die Vereinigung der beiden Staats- und Gesellschaftssysteme stellte die politischen Entscheidungsträger in der Bundesrepublik vor eine Herausforderung, für deren Bewältigung sie weder auf Vorbilder, geschweige denn auf Handlungsroutinen zurückgreifen konnten. Die deutsche Einheit, der „Tag X", war im Lauf der Nachkriegsjahrzehnte und der Stabilisierung der deutsch-deutschen Beziehungen seit der Entspannungspolitik der 1960er- und 1970er-Jahre in weite Ferne gerückt. Dies zeigt sich vielleicht am eindrücklichsten daran, dass im Frühjahr 1990 – auf der Suche nach Vorschlägen dafür, wie die wirtschaftliche Transformation der DDR angesichts der bevorstehenden

Wiedervereinigung gestaltet werden sollte – plötzlich ein längst aus der Zeit gefallener Aufsatz Ludwig Erhards aus dem Jahr 1953 zu einem zentralen Bezugspunkt in der politökonomischen Diskussion der Bundesregierung avancierte.[39]

Dem fehlenden Erfahrungsschatz standen ein extremer Zeit- und Handlungsdruck gegenüber: Vor allem die ostdeutsche Massenmigration im Winter 1989/1990 und die Frage, wie lange das außenpolitische Zeitfenster für die Einheit mit dem drohenden Zerfall der Sowjetunion geöffnet bliebe, führten dazu, dass viele eine Politik der Angleichung als den pragmatischsten Weg zur deutschen Einheit ansahen.[40]

Mit der Weichenstellung für die „Beitrittslösung" ging das Heft des Handelns an die westdeutsche Regierung über, die in den Verhandlungen des Einigungsvertrages die Konditionen des Beitritts formulieren konnte. So enthob der am 31. August unterzeichnete Einigungsvertrag die Frage der Überführung des Rundfunks dem parlamentarischen Prozess der Volkskammer, die das Thema kontrovers debattiert hatte. Prominent wurde der im Einigungsvertrag festgehaltene Artikel 36: Er legte fest, dass die Aufgabe der Rundfunkversorgung, der Überführung und Auflösung des DDR-Rundfunks (bis zur Übernahme durch die verfassungsrechtlich zuständigen neuen Länder) auf ein von den Ländern und Berlin getragenes Gebilde übergehen sollte, das man eigens dafür einrichtete. Da man sich auf keinen griffigen Namen für diese neue „Einrichtung nach Artikel 36 Einigungsvertrag" einigen konnte, blieb es schlicht bei der funktionalen Bezeichnung „Einrichtung", wie sie seither lapidar genannt wurde.[41]

Diese Anstalt, die mithin übergangsweise das Erbe des DDR-Rundfunks verwaltete, sollte bis Ende 1991 das von westdeutschen Regierungsvertretern ausgegebene Ziel erfüllen, „das alte Propagandasystem des SED-Regimes so rasch wie möglich [zu] zerschlagen" und zu verhindern, „dass sich alte Seilschaften in Rundfunk und Fernsehen weiterhin festsetzen", wie der damalige Bundesinnenminister Wolfgang Schäuble rückblickend kommentierte.[42] Obwohl die Neuordnung des Rundfunks die Chance geboten hätte, auch das bundesrepublikanische Medien- und Rundfunksystem hinsichtlich seiner demokratischen Legitimierung zu überprüfen und zu erneuern, wurde die Einrichtung vielmehr zu einem Vehikel für einen „unreflektierte[n], kritiklose[n] Systemtransfer“, der von macht-, partei- und standortpolitischen Partikularinteressen dominiert war.[43] Alles in allem avancierte sie, ähnlich wie die Treuhandanstalt in Bezug auf die wirtschaftliche Transformation, zu einer Art „Blitzableiter“ (Wolfgang Seibel) der Rundfunkneuordnung:[44] Während die Bundesländer als Architekten und Erbauer neuer Strukturen erschienen, erhielt die Einrichtung das Image der kolonialistischen Abwicklungsagentur – zu dem auch ihr kafkaesk anmutender Name beigetragen haben dürfte.[45]

Gleichzeitig war die Einrichtung, wie ihr Leiter, der aus Bayern stammende Rundfunkbeauftragte Rudolf Mühlfenzl, oft betonte, der „kulturellen Substanzerhaltung“ verpflichtet.[46] Diese Pflicht war im Artikel 35 des Einigungsvertrags formuliert, der aus diesem Grund ebenfalls Bedeutung erlangte und einige für die deutsche Kulturpolitik bis heute folgenreiche Bestimmungen enthielt: Mit der Charakterisierung von Kunst und Kultur als „Grundlage der fortbestehenden Einheit der deutschen Nation“ beanspruchte der Bund verstärkt eine kulturpolitische Rolle – eine Aufgabe, die sonst gewöhnlich der Hoheit der Länder obliegt. Da der Artikel auch Regelungen für die Mit- und Übergangsfinanzierung kultureller Einrichtungen und Infrastruktur beinhaltete, schaffte er langfristig eine wichtige rechtliche Basis für die Wahrnehmung dieser Rolle.[47] Auf der Grundlage von Artikel 35 legte der Bund im Zeitraum von 1991 bis 1993 ein Substanzerhaltungsprogramm in Höhe von 1,5 Milliarden DM und ein Infrastrukturprogramm in Höhe von 720 Millionen DM auf, aus denen unter anderem die bereits erwähnten Gehaltserhöhungen für Orchestermusiker und Berlin-Subventionen bezahlt wurden.[48]

Aufgrund des sehr vage gehaltenen Auftrags, die kulturelle Substanz zu bewahren, den Rundfunk der DDR bis Ende 1991 abzuwickeln und in föderale Strukturen zu überführen, war unklar, welche Sender der DDR im vereinten Deutschland langfristig erhalten bleiben würden. Ensembles des Rundfunks der DDR, deren Träger im Zuge der deutschen Einheit wegfielen, waren damit gleichfalls unmittelbar in ihrer Existenz bedroht. So unterhielten beispielsweise die Leipziger und die Ostberliner Rundfunkstationen je fünf Klangkörper: Beide Städte verfügten über ein Sinfonie- und ein Rundfunkorchester, einen Chor und eine Big Band. In Berlin kam noch ein Tanz-Streichorchester dazu, in Leipzig ein Rundfunkblasorchester.[49] Während man für den Leipziger Chor und die beiden Orchester mit der Gründung des MDR im Jahr 1991 und der Fusion der beiden Ensembles 1992 unter Gehaltsverzicht ihrer Mitglieder eine Lösung fand, stellte sich für Berlin die Situation komplizierter dar.[50]

Neben den Subventionszahlungen des Bundes stand auch in Westberlin die Rundfunkstruktur zur Disposition, was die von ihr getragenen Klangkörper vor eine ungewisse Zukunft stellte: Die Rechtsgrundlage des damals sehr populären RIAS (Rundfunk im Amerikanischen Sektor) entfiel im Oktober 1990 mit der Aufhebung des Viermächtestatus der Stadt, auf dessen Grundlage der Sender 1946 von der US-amerikanischen Militäradministration gegründet und seitdem – mit einem bis auf neunzig Prozent angestiegenen Finanzierungsanteil des Bundesministeriums für innerdeutsche Beziehungen – betrieben worden war.[51]

Im Ringen um die neue Rundfunkordnung, in der die zur Disposition stehenden Sender möglichst viel ihrer programmlichen und organisatorischen Identität bewahren wollten, trat noch ein weiterer Player auf den Plan: der in Köln ansässige, 1960 gegründete Deutschlandfunk (DLF). Auch der DLF hatte mit der deutschen Einheit seinen Programmauftrag, Hörerinnen und Hörer der DDR mit Informationen zu versorgen, erfüllt und war in seiner Existenz bedroht. Wie der Rundfunk der DDR und der RIAS (Letzterer sendete mit dem Anspruch, die „freie Stimme der freien Welt" zu repräsentieren, ein zunächst strikt antikommunistisches und später stärker auf die Interessen der DDR-Bürger zugeschnittenes Programm) war nämlich auch der DLF ein Produkt des zu Ende gehenden Kalten Krieges: Mit ihm hatte sich Konrad Adenauer sein lang gehegtes Ziel einer staatsnahen Rundfunkanstalt erfüllt, die für seine Wiedervereinigungspolitik als „Sprachrohr Richtung Osten" wirken sollte.[52]

Der RIAS unterhielt mit dem RIAS Kammerchor, dem RIAS-Tanzorchester und Anteilen am zusammen mit dem Land Berlin, dem Bund und dem Sender Freies Berlin (SFB) finanzierten Radio-Symphonie-Orchester Berlin (RSO) drei Ensembles, die mit der drohenden Auflösung ihres Senders und dem Wegfall von Bundesmitteln um ihre Existenz fürchteten. Ihr Schicksal hing, wie auch das der beiden klassischen Klangkörper des Berliner Rundfunks der DDR, des Rundfunk-Sinfonieorchesters Berlin (RSB) und des Rundfunkchors, maßgeblich davon ab, wie die Neuordnung der öffentlich-rechtlichen Rundfunklandschaft gestaltet werden würde und wie die Finanzierung des Berliner Kulturbetriebs auf neue Beine gestellt werden sollte. Die Geschichte dieser fünf Rundfunkklangkörper – RSB, RSO, Rundfunkchor, RIAS Kammerchor und RIAS-Tanzorchester – entfaltete sich im Spannungsfeld der skizzierten Transformation der ostdeutschen Musiklandschaft, der rundfunkpolitischen Neuordnung und der Neuerfindung Berlins als Hauptstadt.

Harmonielehre ist in diesem konkreten Sinn eine Berliner Umbruchsgeschichte und geht den Fragen nach, wie die komplexen politischen Prozesse mit dem Schicksal der Klangkörper zusammenhingen, wie sie durch die „Vereinigungskrise" (Jürgen Kocka) manövrierten und wie es dazu kam, dass ihr Erhalt gesichert werden konnte.

Spiel ums Überleben

Das Erbe des Kalten Krieges

Noch bevor mit der Volkskammerwahl am 18. März 1990 die Vorentscheidung für eine schnelle Wiedervereinigung fiel, begannen seit Ende 1989 private Medienunternehmen aus Westdeutschland den ostdeutschen Markt für sich zu erschließen.[1] Dieser weckte zunehmend auch Begehrlichkeiten bei den öffentlich-rechtlichen Rundfunkanstalten. Im Februar 1990 machte der Intendant des ZDF Dieter Stolte in einem *Playboy*-Interview seine Ambitionen im Hinblick auf die Rolle seines Senders in der DDR unmissverständlich klar: „Das DDR-Fernsehen sollte so schnell wie möglich neben den Österreichern und den Schweizern unser dritter Vertragspartner werden. Deutsche Kultur endet nicht an den Grenzen."[2] Im gleichen Interview hob er die Bedeutung des Radios als Talentschmiede für das Fernsehen hervor. Vom Mainzer Lerchenberg aus hatte der ZDF-Intendant das bundesweite Ringen um die Neuordnung des Rundfunks genau im Blick: Wie sich in den folgenden Monaten noch deutlicher zeigte, witterte „Deutschlands einflussreichster TV-Manager", wie der *Playboy* ihn nannte, die Chance, ein Radiostandbein zu erlangen. Anders als die direkte Konkurrenz, die ARD-Anstalten, besaß das ZDF keine Rundfunksparte.[3] Dabei richtete sich Stoltes Interesse in erster Linie darauf, die Reichweite des ZDF auszudehnen. Dass damit auch die Übernahme teurer Rundfunkensembles in Verbindung stehen könnte, rückte zunächst noch gar nicht in den Blick.

Knapp 600 Kilometer von Mainz entfernt blieb in Berlin Helmut Drück, dem Intendanten des RIAS, Stoltes Plan nicht verborgen. Drück witterte seinerseits darin einen möglichen Weg, um die Identität seines Senders unter einem neuen Dach zu bewahren. Das ZDF, das 1963 mit dem Programmauftrag gegründet worden war, „einen objektiven Überblick über das Weltgeschehen, insbesondere ein umfassendes Bild der deutschen Wirklichkeit [zu] vermitteln und der Wiedervereinigung Deutschlands in Frieden und Freiheit sowie der Verständigung unter den Völkern [zu] dienen",[4] schien eine passende Heimstätte werden zu können für den RIAS, den Drück weiterhin als transatlantischen Mittler und als „freie Stimme der freien Welt" verstand, und dessen fortbestehende Aufgabe er in der medialen Begleitung der deutschen und europäischen Einigung sah.[5]

Nach den ersten Andeutungen Stoltes sondierte Drück in persönlichen Gesprächen mit dem ZDF-Chef die Bedingungen einer Übernahme, wobei er deutlich machte, dass der RIAS nicht ohne seine Ensembles (RIAS Kammerchor, RIAS-Tanzorchester und das Radio-Symphonie-Orchester Berlin, kurz: RSO) zu haben sei.[6] Dieselbe Forderung richtete der Orchestervorstand des RSO an die Berliner Kultursenatorin Anke Martiny.[7] Nachdem Initiativen wie eine Reise Drücks in die USA, bei der er vor dem Foreign Affairs Committee des Repräsentantenhauses für eine Fortführung des RIAS plädierte, oder der Vorschlag des Berliner Bundestagsabgeordneten Nils Diederich (SPD), den RIAS in Form einer deutsch-amerikanischen Stiftung weiterzuführen, gescheitert waren, schienen die Ambitionen des ZDF die beste Option für den Erhalt des Senders zu sein. Eine alternativ diskutierte Fusion mit dem SFB lehnte Drück aufgrund des zu niedrigen Gebührenaufkommens im Land Berlin ab.[8] Lange Zeit profitierte der SFB, der seit 1954 Mitglied des ARD-Verbundes mit Berliner Sonderstatus war, zwar vom sogenannten Finanzausgleich der Arbeitsgemeinschaft – ein Mittel, welches sicherstellen soll, dass Landesanstalten mit kleinem Sendegebiet und wenigen Beitragszahlern ihren gesetzlichen Programmauftrag erfüllen können. Als die neuen Bundesländer im Zuge der Vereinigung Rundfunkanstalten gründeten, favorisierte die ARD jedoch sogenannte „Mehrländeranstalten", die sich durch ihre Gebühreneinnahmen selbst tragen sollten. Kleine „Nehmeranstalten" wie der SFB, der zudem hoch verschuldet war, gerieten dadurch noch stärker in die Kritik und unter Druck.[9]

Das ZDF-Konzept fand parteiübergreifende Unterstützung durch den Senat Westberlins sowie den Ostberliner Magistrat.[10] Es erhielt auch die Rückendeckung der US-Regierung, die bis zur Neuregelung der Rechtsgrundlage des RIAS die Oberaufsicht über den Sender ausübte.[11] Für diese breite politische Allianz waren nicht nur standortpolitische Motive ausschlaggebend. Der RIAS war ein fester Bestandteil der Westberliner Stadtgesellschaft und mit einem täglichen Höreranteil von 11 Prozent bei RIAS 1 und 16 Prozent bei RIAS 2 einer der populärsten Radiosender in der DDR, wovon etwa 1,4 Millionen Zuschriften aus der DDR im Jahr 1990 zeugten.[12] Mit derlei Zahlen ausgestattet, konnte Helmut Drück in politischen Verhandlungen mit der „sozialintegrativen Kraft" des RIAS und dem „Vertrauenskapital" seiner Hörer werben.[13]

Die Verhandlungsposition des RIAS basierte auch auf der Geschichte des Senders. Während den Jahrzehnten der Teilung war der RIAS zu einem Symbol für die amerikanische Bindung an die geteilte Stadt geworden und trug in der Hochphase des Kalten Krieges maßgeblich zur Verbreitung und Verfestigung der identitätsstiftenden Deutung der Geschichte Westberlins als „Bollwerk der Demokratie" bei.[14] Einen wichtigen Platz im Selbstbild des RIAS nahmen seine Klangkörper ein: Mitten in den Wirren des beginnenden Wiederaufbaus Berlins gegründet, stehen das 1946 ins Leben gerufene RIAS-Symphonie-Orchester, das spätere RSO, sowie der 1948 gegründete Kammerchor und das Tanzorchester, die spätere RIAS-Big Band, exemplarisch für den Stellenwert, den die amerikanische Besatzungsmacht im Rahmen ihrer *Reeducation*-Politik dem deutschen Kulturleben beimaß.[15] Die Gründung des Chores und die Verpflichtung von Ferenc Fricsay als Chefdirigent des RSO während der sowjetischen Blockade Berlins bewerten Drück und der langjährige Kulturstaatssekretär des Berliner Senats, Lutz von Pufendorf, etwa als „Symbol der amerikanischen Berlin-Politik",[16] aber auch als „Beispiel für den Überlebens- und Selbstbehauptungswillen der Berliner".[17]

Die RIAS-Ensembles spielten, nachdem zunächst die Programmversorgung im Vordergrund ihrer Tätigkeit gestanden hatte, bald auch eine wichtige Rolle bei der Wiedereinführung der von den Nationalsozialisten diffamierten „entarteten Kunst“ in Deutschland und bei der Förderung der Neuen Musik im Allgemeinen. Stellvertretend dafür steht die seit 1959 gemeinsam mit dem SFB produzierte Konzertreihe „Musik der Gegenwart“, die nach dem Mauerbau 1961 mit finanzieller Unterstützung des Westdeutschen Rundfunks auch in die DDR hineinwirken sollte, wo die abstrakten Klänge zeitgenössischer Musik von der SED als „formalistischer“ Gegenpol zum „sozialistischen Realismus“ verpönt waren.[18]

Der RIAS diente jedoch nicht nur den Westberlinern als Erinnerung an die „heroische Phase“ der Stadt, die in den 1980er-Jahren von Diagnosen der Korruption, Provinzialität und Misswirtschaft überschattet worden war.[19] Die Programmarbeit des RIAS würdigte beispielsweise auch der aus der DDR stammende Schriftsteller Rolf Schneider in einem 1992 im *Tagesspiegel* veröffentlichten Plädoyer, das für den Erhalt des RIAS warb. Der Sender sei, so der Verfasser, auch Teil einer dissidentischen „DDR-Identität“ gewesen.[20] Dies hob Schneider gemeinsam mit anderen ostdeutschen Autorinnen und Autoren wie Monika Maron, Reiner Kunze und Christoph Hein zudem in einem offenen Brief zum Erhalt des RIAS hervor, dessen „kosmopolitisches Kulturverständnis“ in die DDR hineingewirkt habe. Die späteren Unterzeichner dieses Briefes, angefangen bei Günter Grass, Wolfgang Koeppen und Iring Fetscher, über die Verlagshäuser Siedler, Hanser, Hoffmann und Campe bis hin zu den Mitgliedern der staatlichen Schauspielbühnen belegen ebenso wie ein zweiter Brief die Bandbreite der Fürsprecher, die der Sender in Kultur und Politik fand: Dieser weitere Appell war von den „Freunden des RIAS“ verfasst, richtete sich an die Ministerpräsidenten der Länder und betonte die Bedeutung des RIAS als Mittler zwischen Ost und West. Erstunterzeichner waren unter anderem Willy Brandt und Hans-Joachim Vogel.[21]

In der Berliner Senatsverwaltung in Charlottenburg dachte man indes ebenfalls über den RIAS nach. Falls der Sender, spekulierten die Verwaltungsbeamten im Oktober 1990, zum Hörfunkstandbein des ZDF würde, müsse das ZDF den RIAS Kammerchor und auch das RSO in Gänze übernehmen – das RSO war zu diesem Zeitpunkt formell nämlich längst privatisiert.[22] Die Jahrzehnte zuvor erfolgte Gründung der „RSO GmbH“ war das Resultat einer früheren Existenzkrise des Ensembles: 1953 war die für den RIAS zuständige US Information Agency darauf aufmerksam geworden, dass dem Orchester mit der direkten Finanzierung durch den amerikanischen Staat ein Privileg zuteil wurde, das kein Orchester in den Vereinigten Staaten genoss. Aus Angst davor, einen folgenreichen Präzedenzfall zu schaffen, kündigte man allen Orchestermusikern und kürzte den Produktionsetat stark ein. Das daraufhin von der Auflösung bedrohte Orchester wurde bis 1956 zunächst als Gesellschaft bürgerlichen Rechts fortgeführt. Nachdem das Stammkapital für die Gründung einer GmbH von befreundeten Unternehmen aufgebracht worden war, folgten Zuschüsse des Berliner Senats und des damaligen Bundesministeriums für gesamtdeutsche Fragen, das auch Reise- und Aufführungskosten übernahm. Hinzu kamen ferner Produktionsverträge mit dem SFB.[23]

Das Ensemble, das sich zuvor wie geschildert noch RIAS-Symphonie-Orchester genannt hatte und nun unter dem neuen Namen RSO auftrat, bestand bis 1977 als „eine Art Selbsthilfe von Privatpersonen“. Das änderte sich, als das Land Berlin, der RIAS und der SFB die Finanzierung des Orchesters formalisierten und als Gesellschafter in die RSO GmbH einstiegen: Das Land hielt einen Geschäftsanteil von 50 Prozent, die beiden Rundfunkanstalten von je 25 Prozent. Der Bund übernahm zwar 40 Prozent der Gelder, die fehlten, um die Kosten der GmbH, also des Orchesters, zu decken (Verwaltungsfachleute sprechen von der sogenannten Fehlbedarfsfinanzierung), erwarb selbst aber keinen Geschäftsanteil.[24] Trotz anhaltenden künstlerischen Erfolgs und wachsender internationaler Bekanntheit unter den Dirigenten Lorin Maazel und Riccardo Chailly blieb die finanzielle Situation des RSO angespannt, wie sich Eberhard Wangemann erinnert, der von 1955 bis 1985 Violinist des Ensembles war: Das RSO stand im Schatten der Berliner Philharmoniker. Maazel verließ das Orchester, nachdem die Gesellschafter seiner Forderung nach einer öffentlich-rechtlichen Anstellung der Orchestermusiker nicht nachgekommen waren. Es folgten sieben Jahre ohne Chefdirigenten, bis Vladimir Ashkenazy 1989 die Leitung des Orchesters übernahm und das RSO durch die Wiedervereinigung in eine neue Existenzkrise schlitterte.[25]

In dieser Notlage schien mit dem Plan des ZDF-Chefs Stolte, der zwar auch mit dem DLF liebäugelte, aber weiterhin am RIAS interessiert war, eine dauerhafte Lösung für das Orchester in greifbare Nähe gerückt zu sein. Allerdings regte sich bald der Widerstand der ARD. Die öffentlich-rechtlichen Rundfunkanstalten stritten um Einfluss und Mittel, etwa bei Neuverhandlungen der Rundfunkgebührenanteile und Vergabe von Sendefrequenzen in der vereinten Medienlandschaft. Der ARD-Vorsitzende Hartwig Kelm, WDR-Intendant Friedrich Nowottny und Teile der Bundes-SPD warnten insbesondere vor einer zu hohen Konzentration von Medienmacht in den Händen des ZDF. Die seit dem Frühjahr öffentlich geführte Kontroverse mündete in einem Beschluss der ARD, der das RSO auf dem Schachbrett der Möglichkeiten um einige Felder verschob: Die ARD wollte nun den RIAS mitsamt dem SFB, Teilen des Ostberliner Rundfunks sowie dem DLF als bundesweiten Rundfunk in den ARD-Verbund integrieren.[26]

Die Frage, was mit dem RIAS und seinen Klangkörpern geschehen sollte, konnten jedoch ZDF und ARD nicht allein entscheiden. Sie musste politisch von den Ministerpräsidenten der Länder (die Länder besitzen die Medien- und Kulturhoheit) und vom Bund beantwortet werden, in dessen Zuständigkeitsbereich die Bundesanstalt DLF sowie der RIAS fielen.[27]

Wie die politische Entscheidung ausfallen würde, hatte auch Implikationen für die Ostberliner Rundfunkklangkörper. Konkret hingen zwei Weichenstellungen von ihr ab. Option eins: Würden die RIAS-Klangkörper vom ZDF übernommen, könnte die entfallende Kostenbeteiligung vom Berliner Senat für zwei der Ostberliner Orchester verwendet werden – entweder für das Berliner Symphonie-Orchester, das heutige Konzerthausorchester (BSO), oder aber für das RSB. Option zwei: Sollte das ZDF den Zuschlag nicht erhalten, wären nach Einschätzung des damaligen stellvertretenden RIAS-Intendanten Herbert Kundler und des Ostberliner Kommunikationswissenschaftlers Heinz

Odermann Gebühren aus der Region Berlin-Brandenburg und eventuell Sachsen-Anhalt notwendig, um allein das RSO und den großen Ostberliner Rundfunkchor zu erhalten.[28] Und schließlich galt es noch eine dritte Komponente zu bedenken: Solange der SFB am Westberliner RSO beteiligt blieb, war die Übernahme des Ostberliner RSB in eine wie auch immer geartete neu zu gründende Landesrundfunkanstalt in den Augen der Senatsverwaltung so gut wie ausgeschlossen.[29]

Im Ostteil der Stadt stellte sich die Situation der Radioensembles noch viel dramatischer dar. Der Rundfunk der DDR hatte sich bereits tiefgreifend verändert: Schon am 30. Juni 1990 hatte der Generalintendant des Rundfunks der DDR Manfred Klein angekündigt, dass die dort existierenden Ensembles ab Herbst aufgelöst werden sollten. Im wenige Wochen zuvor unterzeichneten Staatsvertrag über die Wirtschafts-, Währungs- und Sozialunion (dieser regelte die Einführung der westdeutschen Sicherungssysteme, der D-Mark und der Rechtsordnung der sozialen Marktwirtschaft in der DDR zum 1. Juli 1990) waren Obergrenzen für die Neuverschuldung der DDR und die Finanzzuweisungen der Bundesrepublik festgelegt worden. Für den Rundfunk der DDR bedeutete dies eine Kürzung der staatlichen Mittel um mehr als 70 Prozent. Dieser enorme Einschnitt führte zu einer empfindlichen Finanzierungslücke von 31,1 Millionen DM, die durch den Abbau von fast einem Viertel der Mitarbeiterstellen (1100 der 4500 Arbeitsplätze) und die Angleichung der Rundfunkgebühren an das Westniveau geschlossen werden sollte.[30]

Die Ostberliner Rundfunkensembles, die damit ihrer Auflösung entgegenblickten, besaßen im Unterschied zu den RIAS-Klangkörpern nicht den Vorteil eines prestigeträchtigen Senders mit Verbindungen ins politische und kulturelle Establishment Berlins, der hinter ihnen stand. Im Gegenteil: Der Sender, dem die Ostberliner Klangkörper später zugeordnet wurden, der Deutschlandsender Kultur (kurz: DS Kultur), war erst im Juni 1990 als Zusammenschluss der früheren Programme des DDR-Rundfunks DDR II und des Deutschlandsenders, bis 1990 Stimme der DDR, gegründet worden. Das Kalkül der Intendanz des DDR-Rundfunks und der Senderleitung bestand darin, durch die Schärfung des Profils als Kultursender die Chancen für ein Überleben im vereinten Deutschland zu erhöhen. Ähnlich wie der in der Bonner Republik bestens vernetzte DLF, der sich nie ernsthafte Sorgen um seinen Fortbestand gemacht hatte, versuchte sich DS Kultur als nationaler Sender zu profilieren, dessen Aufgabe darin bestehe, das geistige und künstlerische Erbe der „Kulturnation" zu pflegen und zugleich als „Produkt der Wende" zur Demokratisierung und Integration der DDR beizutragen.[31] Diesen Anspruch untermauerte DS Kultur im November durch die Gründung eines prominent besetzten Kuratoriums zur Förderung des Programms, dem unter anderem Robert Jungk, Günter Gaus, Walter Jens, Konrad Weiß, Christa Wolf und sogar Egon Bahr angehörten.[32]

Die ostentative Positionierung von DS Kultur als Reformsender verweist auch darauf, dass die Kultur in der DDR wie geschildert unter Ideologieverdacht stand. „Wir mussten plausibel machen, dass wir nicht ein unwichtiges Anhängsel der DDR-Propaganda-Maschine waren", erinnert sich der damalige Orchestervorstand des RSB Joachim Jeitner.[33] Er spielte damit auf das verbreitete Zerrbild der DDR an, das einen bis in die kleinsten künstlerischen Entscheidungen hineinwirkenden SED-Staat skizzierte. Bei der Durchsetzung ihrer Kulturpolitik war die Staatsführung jedoch auf die Mitwirkung von Kulturschaffenden angewiesen gewesen. Das Ergebnis war nicht ausschließlich das Resultat *top-down* verordneter Pläne, sondern bis zu einem gewissen Grad das Produkt eines Aushandlungsprozesses. Bei allem Zwang zur Regimekonformität – zum Beispiel auf Tourneen, bei denen das RSB eine repräsentative Funktion wahrnahm –, existierten insbesondere in der Musik Freiräume für ein künstlerisches Schaffen, das in gewissem Maß Selbstbehauptung zuließ.[34] So hatte etwa das RSB unter Rolf Kleinert Stücke „formalistischer" Künstler wie Béla Bartók oder Paul Hindemith aufgeführt.[35]

In einem Brief an Walter Momper, in dem Jeitner den Regierenden Bürgermeister um Unterstützung des Landes Berlin für ein honorarfreies Gedenkkonzert für die Opfer von vierzig Jahren Gewaltherrschaft am Tag der Einheit bat, erinnerte der Orchestervorstand daran, dass das RSB bereits im September 1989 mit einer Resolution Kritik an den „gesellschaftlichen Verhältnisse[n]" geübt habe.[36] In dieser Erklärung hatten die Musiker ein „gesellschaftliche[s] Leben ohne Tabus" gefordert und den wachsenden „Graben zwischen Regierenden und Regierten" angeprangert.[37] Im Dezember 1989, so Jeitner weiter an Momper, habe das Orchester außerdem gemeinsam mit bildenden Künstlern, dem Rundfunkchor und dem Schauspielhaus ein Benefizkonzert zum Gedenken der Opfer des Stalinismus veranstaltet.[38] In einem Brief vom 12. Oktober 1990 an die Berliner Kultursenatorin Anke Martiny verwies die Vorsitzende des Hörfunkrats des Rundfunks der DDR, Edith Spielhagen, auf die traditionsreiche Geschichte des „weltälteste[n] Rundfunksinfonieorchester[s]", das seine Existenz „keineswegs der SED-Kulturpolitik" verdanke.[39]

Tatsächlich ist die Geschichte des RSB und des Rundfunkchores aufs engste mit der Entwicklung des Rundfunks in Deutschland verbunden. Damit verfügten die Ensembles und ihre Unterstützer über eine Tradition, die sich für ihre Lobbyarbeit mobilisieren ließ. Das Orchester führt seine Entstehung bis auf die erste Live-Übertragung eines Konzertes in Deutschland im Oktober 1923 zurück.[40] Zwei Jahre später wurde der sich damals noch „Funkchor" nennende Chor gegründet. Beide Ensembles gehörten damit zur ersten Gründungswelle von Rundfunkklangkörpern, deren Aufgabe es war, angesichts der technischen Limitierungen der aufkommenden Schallplattenindustrie den Bedarf des Radios an Musikprogrammen mit wechselndem Repertoire zu decken. Dafür mussten die Musikerinnen und Musiker oft in kürzester Zeit neue Stücke erproben. Die dafür notwendige Präzision und künstlerische Qualität lockte viele namhafte Komponisten wie Igor Strawinsky und Richard Strauss an, die in den 1920er- und 1930er-Jahren ihre Stücke mit dem RSB einstudierten und zum Teil uraufführten.[41]

Die enge Bindung an den Rundfunk bestand auch in der Zeit des Nationalsozialismus und in der DDR fort: Während sich die Radioensembles in der Bundesrepublik aber angesichts gefüllter Archive und eines florierenden Plattenmarkts stärker in Richtung Konzertensembles entwickelten, benötigte der Rundfunk der DDR weiterhin Einspielungen, da die Lizenzgebühren westlicher Plattenfirmen zu kostspielig waren.[42] Ferner wurde der Rundfunkchor neben seiner Haupttätigkeit etwa für Hörspielproduktionen herangezogen. Vor dem Hintergrund dieses Funktionswandels der Rundfunkensembles zog Hans-Hermann Rehberg für den Chor die Lehre, eine rege Konzerttätigkeit zu entwickeln: „[Wir] haben mit Gott und der Welt zusammengearbeitet […]. Wir haben den Rundfunkchor in der Spielzeit 1991/1992 wirklich hörbar gemacht, auch in den alten Bundesländern. Ja, wir haben viel mehr gesungen, als nach einem normalen Tarifvertrag jemals möglich gewesen wäre. […] Das war die Visitenkarte, die wir uns da erarbeitet haben."[43]

Von diesen früh einsetzenden Bemühungen zeugt eine Rezension in den *Lübecker Nachrichten* aus dem Sommer 1990, in der es hieß, der Chor singe „um sein Überleben".[44] Vor allem bereitete Rehberg in dieser Zeit aber Kontakte in den Westen durch Lobbyarbeit vor. Gemeinsam mit dem Dirigenten Dietrich Knothe und seinem Chorvorstandskollegen Günther Bayer ging er in Westberlin, wie er es ausdrückt, „Klinkenputzen", um deutlich zu machen, dass der Rundfunkchor als großer professioneller sinfonischer Chor eine Marktlücke in der Berliner Musiklandschaft schließe.[45] Aus diesem Grund mitbegründete er im Oktober 1990 die „Gesellschaft der Freunde des Rundfunkchores", die sich um die finanzielle Unterstützung und Sponsorensuche kümmerte, sich aber auch politisch für den Erhalt des Chores einsetzte. Die Gesellschaft machte künstlerische Argumente stark und stellte Listen zusammen, die Konzertreisen aufführten sowie Dirigenten und Solisten benannten, mit denen man zusammengearbeitet hatte. Auch die DDR-Vergangenheit des Chores spielte eine wichtige Rolle: Der Erhalt des Chores, so schrieb die Gesellschaft an Kultursenatorin Martiny, sei „ein Beitrag zur Traditionsbewahrung und gleichzeitig Geschichtsbewältigung."[46] Damit setzte die Gesellschaft auf eine kulturpolitische Karte, die, wie sich im Folgenden zeigen wird, tatsächlich zum Zug kam – wenn auch auf andere Weise als sie es sich zu diesem Zeitpunkt vorstellte.

Zwischen Patronage und Privatisierung

Schon 1990 schälten sich bei der Suche nach Überlebensmöglichkeiten für möglichst viele der existentiell bedrohten Klangkörper im wiedervereinigten Berlin zwei unterschiedliche Linien heraus: Auf der einen Seite setzten westliche wie östliche Orchester und Chöre darauf, im Gepäck ihres angestammten Rundfunksenders – sei es RIAS oder der ehemalige DDR-Rundfunk in Form von DS Kultur – unter das Dach einer finanz- und reichweitenstarken Rundfunkanstalt zu schlüpfen. Hier stand weiterhin das ZDF hoch im Kurs, aber auch mögliche künftige Konstruktionen hatten ihre Attraktivität. Dazu zählen das letztlich scheiternde Projekt einer Nordostdeutschen Rundfunkanstalt (NORA) – eine ARD-Mehrsenderrundfunkanstalt unter Beteiligung des SFB – oder aber ein Konstrukt, das im Verlauf des Aushandlungsprozesses Karriere machte: der nationale Rundfunksender.

Der Selbstwahrnehmung der Ensembles, die darum kämpften, als attraktive Mitgift in den verschiedenen Kombinationen einer rundfunkpolitischen Ehe auftreten zu können, stand auf der anderen Seite mitunter eine ambivalentere Sicht gegenüber, die dem kulturpolitischen Gewinn einer solchen Verbindung vor allem die damit verbundenen erheblichen Kosten gegenüberstellte. So gab der im Beraterstab der Einrichtung – jener Anstalt, die das Erbe des DDR-Rundfunks verwaltete – tätige Roland Tichy an, dass der Finanzbedarf von DS Kultur sich auf 63,8 Millionen DM berechne, wobei die Klangkörper den „größten Kostenblock" ausmachen würden.[47] Man zögerte also deutlich, auch nur eine Verlobung einzugehen.

Während die Ensembles um ihre Zukunft bangten, ihr künstlerisches Profil schärften und in Politik und Rundfunk um Unterstützung warben, schmiedete auch die Berliner Senatsverwaltung Pläne, wie mit der Vielzahl der Klangkörper in Berlin umzugehen sei. Schon im April 1990 hatten deshalb der Westberliner Senat und der Ostberliner Magistrat gemeinsam ein Expertenteam zur Rundfunk- und Medienordnung eingesetzt. Diese Planungs- und Koordinierungsgruppe war aus Politikern, Medienexperten und Rundfunkakteuren zusammengesetzt, der Drück als Intendant des RIAS ebenso angehörte wie der Intendant des SFB Günther von Lojewski. Der frühere stellvertretende RIAS-Intendant Herbert Kundler, der zudem Mitglied im Kuratorium des RSO war, wurde nachträglich in die Expertengruppe berufen, für die er bald, gemeinsam mit dem Ostberliner Kommunikationswissenschaftler Heinz Odermann, federführend wurde. Besorgt darüber, dass Berlin sich trotz des drohenden Wegfalls von Subventionen „mehr denn je in überzeugender Weise durch kulturellen Rang und kulturelle Ausstrahlung als deutsche Hauptstadt beweisen“ müsse,[48] unterbreitete das Expertenteam im September 1990 der Senatsverwaltung für kulturelle Angelegenheiten eine erste Idee, in welcher Form die Ensembles aufgefangen werden könnten. Die Gruppe plädierte für die Gründung einer „Musikstiftung Berlin als juristischen und organisatorischen Träger der Klangkörper, die von ihren bisherigen Arbeitgebern beziehungsweise Zuwendern nicht mehr erhalten werden können“.[49]

Die Stiftung, die den Experten vorschwebte, sollte von den Rundfunkanstalten, Bund und Ländern, privaten Geldgebern und den Einspielergebnissen der Klangkörper finanziert werden. Mit dieser geteilt gedachten Trägerschaft wollten sie dem Umstand gerecht werden, dass angesichts des geschilderten Aufgabenwandels der Rundfunkensembles mit Konzerttätigkeit und Gastspielreisen auch andere öffentliche und private Stakeholder in Verantwortung stünden.[50] Auch wenn das Stiftungsmodell am Ende in eine Sackgasse führte, war damit frühzeitig ein alternativer Lösungsansatz in die Debatte eingeführt worden: Statt einer Rolle als Mitgift in einer Rundfunk-Ehe mit dem ZDF, bei der sich eine Ost-West-Konkurrenz anbahnte, sah man eine gemeinsame institutionelle Lösung für die West- und Ost-Klangkörper vor. Die Berliner Klangkörper wurden damit auf dem Schachbrett ihrer Möglichkeiten ein weiteres Mal auf ein anderes Feld verrückt. Für die Ensembles machte das die Sache zunächst nicht einfacher, denn insgesamt blieb die Entwicklung zu diesem Zeitpunkt weitgehend offen und die Ergebnisse für niemanden vorhersehbar: Strategien und Pläne gab es ebenso viele wie Akteure, und das Spielbrett blieb unübersichtlich.

Während sich unter den Klangkörpern angesichts ihrer ungeklärten Zukunft zunehmend Missstimmung, wenn nicht gar Panik ausbreitete, hing die Lösung wie bereits angedeutet von Auseinandersetzungen ab, auf die sie mit ihren Interventionen keinen Einfluss nehmen konnten. Konkret wurden die Klangkörper des RIAS und von DS Kultur zum Spielball der rundfunkpolitischen Neuordnung, die von macht- und parteipolitischen Frontstellungen und personellen Proporzlösungen durchzogen war: ARD gegen ZDF, Bund gegen Länder, nicht zuletzt A-Länder gegen B-Länder – Letzteres als Ausdruck der jeweiligen Dominanz von Union und SPD in föderalistischen Prozessen. Wer die äußerst verwickelte Herausbildung von Rettungsszenarien für die Berliner Klangkörper in den frühen 1990er-Jahren verstehen möchte, muss also die komplexen Berliner Debatten mit den vor allem auf der Ebene der Ministerpräsidenten getroffenen rundfunkpolitischen Grundsatzentscheidungen in Beziehung setzen. Die weitere Dynamik des Geschehens prägte nun vor allem die Debatte um die Neuordnung der Rundfunklandschaft und die darin eingebundene Gründung eines nationalen Rundfunksenders.

Nachdem ZDF-Intendant Stolte mit einer Expansionsstrategie vorgeprescht war, hatte die ARD mit heftigem Widerstand reagiert. Um diesen offenen Konflikt zu lösen, beauftragten die westdeutschen Ministerpräsidenten aus ihrem Kreis Björn Engholm (SPD; Schleswig-Holstein) und Max Streibl (CSU; Bayern) damit, einen Kompromissvorschlag auszuarbeiten. Als sich die Ministerpräsidenten am 18./19. Oktober 1990 letztmalig nur im westdeutschen Kreis trafen, debattierten sie das mittlerweile fertiggestellte Engholm-Streibl-Papier. Dieses schlug eine von ARD und ZDF getragene Gemeinschaftseinrichtung für DLF und RIAS vor, wobei Ersterer von der ARD und Letzterer, inklusiver seiner Klangkörper RSO und Kammerchor, vom ZDF getragen werden sollte.[51]

Von diesem Kompromissvorschlag blieb angesichts der sofort wieder einsetzenden Kämpfe bald nicht viel mehr übrig als der sich durchsetzende Gedanke einer zu gründenden Gemeinschaftseinrichtung, der nun Fahrt aufnahm. Anfang 1991 begann der Bund verstärkt mit den Bundesländern über die Gründung eines nationalen Hörfunks zu diskutieren. Dieser sollte, wie aus einer Beschlussvorlage des Bundesinnenministeriums vom Januar 1991 hervorging, neben DLF und RIAS auch DS Kultur mit einbinden, womit im Sinne der Bestimmungen des Einigungsvertrages auch ostdeutsche Stimmen hörbar würden.[52] Bundeskanzler Helmut Kohl favorisierte nachdrücklich die Idee eines solchen gesamtdeutschen Integrationssenders, der zugleich dem als regierungsnäher eingestuften ZDF unterstellt werden sollte, und hatte sich dafür bei einem Treffen im Kanzleramt mit den ostdeutschen Ministerpräsidenten am 30. Januar deren Unterstützung versichert.[53] Allerdings wirkten auch hier die alten Frontstellungen des Kalten Krieges weiter nach: Sowohl beim DLF wie auch beim RIAS galt der östliche Konkurrent DS Kultur weniger als Träger des demokratischen Aufbruchs, sondern als Überbleibsel eines regimekonformen DDR-Journalismus,[54] ein Vorurteil, das immer wieder in die Auseinandersetzung um die Zuordnung der Klangkörper hineinspielte.

Die Länder betraten schließlich den vom Bund vorgezeichneten Weg. Am 28. Februar 1991 fassten sie auf der nunmehr gesamtdeutschen Ministerpräsidentenkonferenz in Bonn einen Tendenzbeschluss, der vorsah, DLF, RIAS und DS Kultur zu einem nationalen Hörfunksender zusammenzufassen, wobei die organisatorische Form noch offen blieb.[55] Gute vier Monate später, auf einer weiteren Ministerpräsidentenkonferenz am 4. Juli 1991, fanden sie schließlich eine Lösung, nachdem mittlerweile auch die Hauptstadtfrage zugunsten Berlins beantwortet worden war: Die Landeschefs bekräftigten nicht nur die Absicht, einen gemeinsamen nationalen Rundfunksender als Zusammenschluss von DLF, RIAS 1 (einem der beiden Hörfunksender des RIAS) und DS Kultur zu etablieren. Nun einigten sie sich auch darauf, dass zu diesem Zweck ARD und ZDF gemeinsam eine „rechtlich nicht selbstständige Gemeinschaftseinrichtung“ mit Sitz in Köln gründen würden. Diese sollte – nach jenem berühmten Artikel 35 des Einigungsvertrags – auch mindestens einen Klangkörper der Einrichtung übernehmen, was sich nach Lage der Dinge auf das RSB und den Rundfunkchor bezog.

Eine zentrale Rolle für dieses Ergebnis, das in Berlin heftige Konkurrenzkämpfe nach sich zog, spielte Rudolf Mühlfenzl, der als Leiter der Einrichtung für diese Lösung gekämpft hatte.[56] Mühlfenzl verkörperte beim Umbau der ostdeutschen Rundfunklandschaft einerseits jenen Typus des westdeutschen Sanierers, der schon zeitgenössisch die Vorlage für Kolonialisierungsnarrative bildete, während er andererseits ein Hauptakteur im Kampf für ostdeutsche Klangkörper war. Ob ihn dabei schlechtes Gewissen, der Wunsch nach einem besseren Image[57] oder einfach nur die Liebe zur Musik antrieb, sei dahingestellt. Festhalten lässt sich aber, dass sich der Erhalt ostdeutscher Klangkörper – anders als im Falle der mit dem Odium der Systemnähe behafteten ostdeutschen Journalisten – in die Vorstellung einer gemeinsamen deutschen Kulturnation integrieren ließ.[58] Während also ostdeutsche Journalisten in diesen Auseinandersetzungen oftmals abfällig als „Altlasten" abgetan wurden,[59] bezeichnete Mühlfenzl die „hervorragenden Klangkörper" der Einrichtung als „künstlerisch-kulturelle Mitgift der neuen Länder", die er dringend „in die gesamtdeutsche Kulturlandschaft" einbringen wollte.[60] Auf diese Weise diente der Erhalt ostdeutscher Klangkörper auch dazu, inmitten des vielfältigen Abbruchs ostdeutscher Lebenswelten, wie sie in der Erinnerung heute vor allem mit der von der Treuhand-Anstalt unternommenen Privatisierung der ostdeutschen Wirtschaft verbunden werden, ein gemeinsames nationales Projekt zu entwerfen und damit die Herstellung der deutschen Einheit zu befördern.

Die Kampagne des RSO gegen die Zuordnung des RSB zum nationalen Radio

Zu den Hauptkritikern der Planungen der Ministerpräsidenten gehörte RSO-Intendant Elmar Weingarten, der sein Orchester durch die Rettungsbemühungen zugunsten der Ostberliner Klangkörper schwer benachteiligt sah. Weingarten hatte tatsächlich gute Gründe besorgt zu sein, da sich die Rahmenbedingungen für die RSO GmbH vor allem durch das drohende Wegbrechen bisheriger Gesellschafter (Land Berlin, SFB und RIAS) beziehungsweise „Zuwender", also Geldgeber (Land und Bund), erheblich verschlechtert hatten. Doch zugleich übersetzte er diese strukturelle Veränderung in einen von ihm mit harten Bandagen geführten Konkurrenzkampf mit dem RSB, der vielfach auch die alten Muster des Ost-West-Konflikts tradierte. Dazu gehörte nicht zuletzt, beharrlich die eigene Überlegenheit gegenüber dem Ostberliner Orchester hervorzukehren und Ängste vor dem kulturellen Bedeutungsverlust (West-)Berlins zu schüren.

Unmittelbar nach dem Beschluss der Ministerpräsidentenkonferenz vom 4. Juli 1991 begann Weingarten die Berliner Senatsverwaltung und den Regierenden Bürgermeister Eberhard Diepgen (CDU) mit zahlreichen Eingaben zu bombardieren. Er organisierte eine wirksame Lobbyarbeit, bei der er auf ein breites Unterstützernetzwerk zurückgreifen konnte, das von prominenten Vertretern des Westberliner Bürgertums über die Ferenc-Fricsay-Gesellschaft und die Deutsche Musik- und Orchestervereinigung bis hin zu den Berliner Philharmonikern reichte. Bereits am 5. Juli sandte Weingarten einen Brandbrief an den Berliner Kultursenator Roloff-Momin. Die Beschlüsse der Ministerpräsidenten, aber auch das Scheitern der Pläne zur Gründung des geplanten Mehrsenderverbunds NORA hätten die Konkurrenzbedingungen für das RSO und damit das eigentliche Ziel, neben den Berliner Philharmonikern die Nummer 2 auf dem zukünftigen Berliner Musikmarkt zu werden, erheblich verschlechtert, wie er in düsteren Farben schilderte:

> „In der nunmehr sich entwickelnden Orchesterlandschaft stellt sich die Situation des Radio-Symphonie-Orchesters als äußerst prekär dar. Nicht, dass es akut in seiner Existenz gefährdet wäre – die Bestandsgarantien haben wir mit Freude und Dankbarkeit gehört –, es befindet sich strukturell in einer vergleichsweise erheblich schlechteren Lage als zuvor, selbst wenn äußerlich alles beim Alten bleiben würde. Das Berliner Philharmonische Orchester behält seinen Status, das Rundfunk-Sinfonieorchester Berlin wird das einzige ‚richtige' Rundfunkorchester, das Berliner-Sinfonie-Orchester wird ein staatliches Orchester des Senats von Berlin."[61]

Das RSO, so Weingarten weiter, sollte demgegenüber „seinen vergleichsweisen schwachen Status mit mehreren Trägern, einer komplizierten GmbH-Verfassung und zeitaufwendigen Produktionsverpflichtungen mit zwei Sendern, die mit einem Drittel der tatsächlichen Kosten völlig unangemessen honoriert werden, behalten." Doch nicht nur die durch die rundfunkrechtliche Neuordnung fragil gewordene Trägerstruktur der RSO GmbH besorgte ihn zu Recht, sondern auch ein fehlender eigener Proben- oder Konzertsaal, die unzureichende personelle Ausstattung der Verwaltung und ein die RSO benachteiligender Stellenplan. Anschließend brachte er seine stärkste Waffe in Anschlag, nämlich den Hinweis darauf, dass der gefeierte RSO-Dirigent Vladimir Ashkenazy auf diese Weise nicht zu halten sei.[62] Letzterer unterstützte dies durch ein eigenes Schreiben an den Berliner Kultursenator Roloff-Momin und hob dabei hervor, dass das RSB durch den Anschluss an den nationalen Hörfunk eine wesentlich größere Reichweite erhielte als das letztlich auf den SFB verwiesene RSO:

> „Hinzu kommt, dass die Sendungen des RSO nur noch in Berlin zu hören sein werden, während ein anderes, weniger bedeutendes Berliner Orchester in ganz Deutschland im Radio zu hören sein wird; das RSO wird dadurch in die Position eines ungewollten Stiefkindes versetzt. [...] Sie werden [...] erkennen, dass es für mich keinen Sinn mehr hätte, mit diesem Orchester weiterzuarbeiten, wenn eine solche Situation Wirklichkeit werden würde."[63]

Weingarten wies mehrmals darauf hin, dass das RSO das künstlerisch bedeutsamere der beiden konkurrierenden Orchester sei – in der Situation der frühen 1990er-Jahre war dies keine unberechtigte Behauptung. „Die von den Ministerpräsidenten getroffene Entscheidung", so Weingarten, sei zwar politisch, aber nicht künstlerisch sinnvoll, „weil wir unsere Position als das neben dem Berliner Philharmonischen Orchester im Augenblick einzige international wirklich konkurrenzfähige Konzert- und Medien-Orchester verlieren würden".[64]

Aus diesem Krisenszenario leitete Weingarten, wiederum unter anderem unterstützt von Ashkenazy, ein umfangreiches Forderungspaket ab, das er in den folgenden Monaten den wechselnden Rahmenbedingungen anpasste, diese zum Teil aber auch geschickt ausblendete. Bereits drei Tage nach seinem ersten Brandbrief an Roloff-Momin wiederholte er in einem Schreiben an den Leitenden Senatsrat Dietrich Fischer, der dem RSO gleichzeitig als Kuratoriumsmitglied verbunden war, nicht nur seine Krisendiagnose, sondern entwarf zugleich eigene Lösungsvorschläge für sein Orchester: Erstens könnte der Senat das RSO „unter neuem Namen als drittes Symphonie-Orchester [...] tragen und mit den Rundfunkanstalten und Sälen Berlins feste Verträge über deren Nutzung [...] schließen". Dies erschien ihm aber, zumal nach dem Wegfall des NORA-Projekts, aus finanziellen Gründen unrealistisch, und so schlug er als Alternative „die Formierung eines einzigen Rundfunkorchesters" vor, wobei das RSO „um eine größere Zahl von Musikern aus dem RSB ergänzt wird und dann auf höchstem Niveau die oben skizzierten Aufgaben wahrnehmen kann." Erhaltenswerter als das RSB sei ohnehin der Ostberliner Rundfunkchor, so Weingarten weiter.[65] Nachdem dieses Fusionsmodell, das im Kleinen deutlich das asymmetrische Muster der Ost-West-Vereinigung im Großen spiegelte, einmal in der Welt war, geisterte es im finanzschwachen Berlin beharrlich durch die Diskussionen über die Zukunft der dortigen Klangkörper.

Die Berliner Senatsverwaltung zeigte sich von diesen Argumenten stark beeindruckt und entwickelte in den folgenden Monaten zahlreiche Planspiele, die allesamt darauf abzielten, einerseits den Forderungen des RSO so weit wie möglich entgegenzukommen, andererseits aber auch möglichst viele Berliner Klangkörper zu erhalten. Nachdem es bei diesen Debatten lange Zeit vor allem darum gegangen war, die Ensembles möglichst unter die Fittiche einer finanz- und reichweitestarken Sendeanstalt zu schieben,[66] kursierte in den Diskussionen der Senatsverwaltung zunehmend auch das Modell einer GmbH, an der die Rundfunksender als Gesellschafter beziehungsweise als Stakeholder beteiligt werden sollten. In gelegentlich verzweifelt anmutenden

Rochaden fanden sich die Klangkörper zumindest auf dem Spielbrett in immer neuen Kombinationen möglichen Trägern zugeordnet und mit neuen Rechtsformen versehen. Alternativ positionierten diese Planspiele entweder das RSB (so hatten es die Ministerpräsidenten vorgesehen) oder das RSO (wie es selbst und sein Unterstützerkreis forderten) in der begehrten Stellung als Hauptorchester des nationalen Rundfundsenders und entwickelten darauf aufbauend Szenarien. Für das jeweilige Gegenüber projektierten die Mitarbeiter der Kulturverwaltung dabei eine GmbH-Lösung, die nach Möglichkeit ausreichend attraktiv gestaltet sein sollte, um den Abstand zum bevorzugten Hauptgewinn nicht allzu groß erscheinen zu lassen.[67] Um ein etwas abgegriffenes Bild zu bemühen: Am Ende drohte das Spiel immer auf einen Gegensatz von Bundesliga und Regionalliga hinauszulaufen.

Die Suche nach einer gangbaren Lösung wurde von beständigen Interventionen des RSO und seiner Unterstützer begleitet, denen kein Angebot ausreichend schien, um das erklärte eigentliche Ziel zu erreichen: das zweite Orchester am Platz zu werden. Wenn nicht gerade mit dem Weggang Ashkenazys gedroht wurde, forderte man nicht nur den bevorzugten Zugriff auf Berliner Konzertsäle und weitere wichtige Elemente der materiellen Ausstattung, sondern verlangte in immer neuen Variationen, nicht den Rundfunkchor und das RSB, sondern das RSO in die geplante nationale Rundfunkanstalt eintreten zu lassen, während man dem RSB weiterhin eine deutlich nachgeordnete Stellung zuwies.[68] Die gut orchestrierte Kampagne des RSO adressierte nicht nur den Berliner Senat, sondern war institutionell breit gestreut. So unterbreitete Weingarten seine Vorstellungen am 22. August 1991 auch dem Bundeskanzleramt:

> „Das Orchester regt an, dass RIAS und Deutschlandsender-Kultur gemeinsam die beiden neuen Berliner nationalen Rundfunkwellen bilden (Kultur und Information aus Berlin) und fordert, dass es diesem nationalen Rundfunksender zugeordnet wird. Das RSB sollte in sein Stammhaus in der Masurenallee zurückgehen können

> und für den Sender Brandenburg und den SFB produzieren und konzertieren. Das RSO ist gerne bereit, weiterhin im Bereich der Neuen Musik mit dem SFB zusammenzuarbeiten."[69]

Insbesondere versuchte Weingarten auch den ZDF-Intendanten Stolte für seine Pläne zu gewinnen, die Letzteren teils direkt durch den RSO-Intendanten selbst, teils über Dritte erreichten. Am 9. September überbrachte Joachim Braun, der vom SFB zum ZDF gewechselt war, seinem Chef die Sorgen und Pläne Weingartens. Weingarten sähe demzufolge zwei mögliche Lösungen: Erstens könne man RSO und RSB fusionieren. „Da das Westberliner RSO bei weitem den höheren künstlerischen Rang hat, bedeutet das faktisch die Auflösung des Ostberliner Orchesters [...]. Dieses erweiterte RSO würde unter ZDF-Führung zum Radio-Symphonie-Orchester des künftigen nationalen Hörfunks."

Dieses Szenario knüpfte Weingarten, so Braun, jedoch unter anderem an die Bedingung, dass Mühlfenzl sich nicht länger darum bemühe, „den Spanier Rafael Frühbeck de Burgos noch vor Übergabe des Orchesters an das ZDF als Chefdirigenten des Ostberliner RSB zu verpflichten". Somit sollten gleichermaßen die Autonomie wie ein möglicher Qualitätsfortschritt des Ostberliner Konkurrenten verhindert werden. Ein zweites, angeblich vom Berliner Kultursenator entworfenes Szenario sehe dagegen die Zuordnung des RSO – gemeinsam mit dem Ostberliner Rundfunkchor – zum ZDF vor. Das RSB sollte dabei mithilfe einer zu gründenden GmbH erhalten bleiben und dabei vor allem den regionalen Markt bedienen.[70] Beide Varianten sahen also vor, das RSO anstelle des RSB an das ZDF anzugliedern, wobei im zweiten Plan das RSB bestehen bleiben sollte, wenngleich mit einer deutlichen hierarchischen Abstufung. Die dem entgegenstehenden Beschlüsse der Ministerpräsidentenkonferenz vom 4. Juli 1991 versuchte Braun umzudeuten, indem er argumentierte, dass die von ihm vorgeschlagene Lösung zwar nicht dem Wortlaut, aber dem Geist der dort gefassten Beschlüsse entspreche.[71]

Am Folgetag, dem 10. September, brachen sich auf einer Kuratoriumssitzung des RSO Frustration und Wut freie Bahn. Herbert Kundler brachte die dabei mitschwingende Ost-West-Konkurrenz in der Diskussion offen zur Sprache und bezeichnete den Ministerpräsidentenbeschluss als „eine politische Alibientscheidung: wenn schon keine Journalisten der ‚ehemaligen Einrichtungen' übernommen werden konnten, dann müssten es wenigstens Musiker sein".[72] In der Selbstwahrnehmung der Kuratoriumsmitglieder war das RSO damit zum Bauernopfer der Wiedervereinigung geworden. Für den Kuratoriumsvorsitzenden Wilhelm Matejka, ein beim SFB tätiger Spezialist für Neue Musik, war zudem auch „die Rechtsform der GmbH wegen der geringen Sicherheit der Institution, ihrer Mischfinanzierung sowie ihrer Altersversorgung ein auslaufendes Modell", wozu RSO-Orchestervorstand Thomas Pliquett noch weitere Nachteile der „jetzigen GmbH-Struktur des Orchesters" ergänzte: „Finanzausstattung (Tourneen, Dirigenten), Stellenplan, Räumlichkeiten."[73]

Im Führungsgremium des RSO herrschte zu diesem Zeitpunkt mithin der Eindruck, dass es der ostdeutschen Konkurrenz gelungen sei, unter die Patronage des künftigen nationalen Senders zu gelangen, während man selbst im Korsett einer GmbH-Struktur gefangen sei, die keine auskömmliche Situation ermögliche. Tatsächlich befand sich das Orchester in einer echten Zwickmühle: Die existierende GmbH-Struktur war nicht geeignet, die Probleme, denen das RSO gegenüberstand, zu bewältigen. Eine Veränderung der GmbH-Struktur brachte dagegen das Risiko mit sich, dass der Bund sich aus seiner bisherigen Rolle als Hauptfinancier zurückzog, zumal er im Zusammenhang der Gründung des nationalen Radios bereits ein Orchester finanzieren würde.

Demgegenüber betrachtete das RSO-Kuratorium, in dem auch einige Vertreter der Berliner Kultusverwaltung saßen, die vielfachen Hilfs- und Unterstützungsversprechen des Senats als unzureichend und ergänzten diese daher um einen umfangreichen Forderungskatalog. Die Diskutanten formulierten auch hier, dass die endgültige Entscheidung über die Zuordnung der konkurrierenden Berliner Orchester zum geplanten nationalen Hörfunk noch nicht endgültig entschieden sei, wie auch in einer abschließenden Resolution zum Ausdruck kam. Die während dieser Sitzung vom Leitenden Senatsrat Fischer gleichfalls ausgesprochene Mahnung, diese Anliegen aus taktischen Gründen gegenüber Öffentlichkeit und Politik nicht allzu offensiv vorzutragen,[74] verhallte ungehört. Im Gegenteil führte das RSO die Kampagne auf allen Kanälen intensiv fort und nutzte auch seine guten Beziehungen zur Presse. Knapp eine Woche nach der Kuratoriumssitzung titelte *Die Welt*: „Berliner Radio-Symphonie-Orchester droht das musikalische Aus. Bequemes Mittelmaß in Schilda."[75]

Wenige Tage später wurden in Mainz und Berlin-Charlottenburg unabhängig voneinander drei Briefe verfasst. Sie alle gingen am 20. September in die Post und waren geeignet, weiteren Spekulationen ein Ende zu setzen.

Der Verfasser des ersten Briefes war ZDF-Intendant Stolte, der sich an Weingarten wandte, von dem er vier Tage zuvor einen Hilfsappell erhalten hatte. Trocken beschied er ihm nun, dass die Ministerpräsidenten in der Zwischenzeit „in ihrer Sitzung am 31. August 1991" beschlossen hatten, „das ZDF zu bitten, ein befristetes Patronat für die Übernahme und Weiterführung von DS Kultur und den dazugehörigen Klangkörper [sic!] ab 1. Januar 1992 bis zu einer endgültigen Lösung der Frage nationalen Hörfunks zu übernehmen." Damit sollte deren Fortbestand über das Ende der bis zum 31. Dezember befristeten Einrichtung hinaus zumindest vorläufig gesichert werden. Stolte fuhr fort:

> „Aus dieser Beschlusslage ergibt sich zwingend, dass das ZDF mit der befristeten Übernahme und Weiterführung von DS Kultur das dazugehörige Rundfunk-Symphonie-Orchester Berlin übernehmen muss. So sehr ich auch Ihre Sorgen über die Zukunft des Radio-Symphonie-Orchesters Berlin verstehen kann, sehe ich aufgrund der dargestellten Sachlage keine Möglichkeit, wie ich Ihnen helfen könnte und bitte dafür um ihr Verständnis."[76]

Der Verfasser des zweiten Briefs war der Vorstand der Deutschen Musik- und Orchestervereinigung (DOV) Rolf Dünnwald. Er wandte sich mit scharfen Worten an Diepgen und warf ihm vor, dass die Berliner Orchester gegeneinander ausgespielt und in eine „Schlammschlacht" getrieben würden.[77] Zwei Wochen zuvor hatte er der Senatsverwaltung einen Lösungsvorschlag unterbreitet, der im Kern gleichfalls darauf hinauslief, das RSO an den nationalen Hörfunk, das RSB stattdessen an die Deutsche Welle anzubinden und darüber hinaus auf verschiedenen Wegen auch noch einige andere in ihrer Existenz bedrohte Klangkörper zu sichern.[78]

Der Verfasser des dritten Briefes war Diepgen. Er maßregelte Dünnwald postwendend und erklärte ihm zunächst die komplexen politischen Zusammenhänge, in die die Orchesterfrage eingebunden war:

> „Bei Ihren Aktivitäten aber beachten Sie offenbar weder die konkreten haushaltsmäßigen Schwierigkeiten, die medienpolitischen Probleme und die gegenseitige Abhängigkeit von Rundfunkstaatsverträgen, Neubildung einer Bund-Länder-Anstalt, Rundfunk und Fernsehen in Berlin-Brandenburg, kulturpolitische Kompetenz des Bundes im Föderalismus und die Interventionen der Ministerpräsidenten bei ihren Beschlüssen."

Diepgen stufte dieses Schreiben offensichtlich in die Reihe der zahlreichen Interventionen zugunsten des RSO ein, weshalb er den von Dünnwald vorgebrachten Vorwurf umkehrte:

> „Gestatten Sie auch den deutlichen Hinweis: Schlammschlachten können nur entstehen, wenn einzelne Orchester ausschließlich ihre Interessen bei der gegenwärtigen Diskussion gegen jede andere Überlegung für den Fortbestand von Kulturinstitutionen im Zusammenwachsen Deutschlands einbringen. Ihnen wird sicher bekannt sein, dass ich mich selbst intensiv dafür einsetze, dass der Vertrag mit Herrn Ashkenazy und seine klaren Perspektiven für künftige Arbeit erhalten bleiben."[79]

Mit diesem Schlagabtausch war der Stuhltanz der Ost- und Westberliner Klangkörper, bei dem am Ende nicht alle den gewünschten

Platz bei einem finanz- und reichweitenstarken Rundfunksender finden konnten – sofern sie nicht sogar ins Leere fielen – aber noch lange nicht beendet. Sowohl in der Senatsverwaltung als auch beim RSO und seinem Unterstützerkreis wurden weiterhin Planspiele entwickelt, wie dessen Stellung durch eine für das RSO vorteilhafte Verbindung entweder mit dem nationalen Hörfunk oder dem ZDF gestärkt werden könnte. Dabei spielte vor allem die Huckepack-Lösung, wonach das RSO als Anhängsel des RIAS unter die Fittiche des ZDF migrieren sollte, weiter eine wichtige Rolle,[80] obwohl Stolte die Tür bereits zugeschlagen hatte. Der Berliner Senat unterstützte auch in dieser Frage die Position des RSO sehr weitgehend,[81] zumal Berlin ja selbst an der RSO GmbH beteiligt war und daher in einer doppelten Rolle agierte.

Bei aller Fürsprache für das RSO trug der Senat zugleich auch Verantwortung für die Klangkörper im östlichen Teil der Stadt, die allerdings politisch und medial wesentlich schlechter vernetzt waren und sich erst noch in Lobbyarbeit in eigener Sache üben mussten. Im Ergebnis rückte der Berliner Kultursenat jedoch ein Stück weit von den RSO-Positionen ab: Im Oktober 1991 entwarf er ein Gesamtkonzept für die Berliner Orchester- und Chorlandschaft, das darauf abzielte, beide Orchester, RSB und RSO, in Form einer eigenen GmbH zu organisieren. Damit war zugleich die Hoffnung verbunden, dass das ZDF in die bestehende RSO GmbH einsteigen würde, um deren Finanzkraft zu stärken. Eine wesentliche Absicht dieses Plans zielte darauf, neben der Gleichbehandlung der beiden Orchester die Finanzierungspflicht des Bundes zu erhalten,[82] – denn noch immer war die Sorge groß, dass sich der Bund aus seiner bisherigen Rolle als Hauptfinancier der RSO GmbH verabschieden könnte.[83]

Vor diesem Hintergrund hatte in der monatelang debattierten Abwägung zwischen dem Huckepack- und dem Stakeholder-Modell Letzteres wieder die Oberhand gewonnen. Auch Ashkenazy, der seine Abwanderungsbereitschaft unvermindert geschickt einsetzte, signalisierte vorsichtige Zustimmung, beharrte aber weiter auf umfangreichen und teuren Zusatzwünschen in räumlicher, personeller und organisatorischer Hinsicht.[84] Diepgen sandte dem Dirigenten schließlich am 14. Januar 1992 einen Brief in sein Schweizer Domizil, in dem er sein Werben mit einer umfangreichen Liste an teuren Zugeständnissen unterstrich. Dazu gehörten neben zusätzlichen Planstellen in Orchester und Verwaltung auch eine stärkere Position bei der Nutzung des Schauspielhauses am Gendarmenmarkt als Aufführungsort. Nicht zuletzt sollten die finanziellen Zuwendungen an das RSO erheblich erhöht werden.[85]

Bei der Diskussion über die Gestaltung der Berliner Orchester- und Chorlandschaft in diesen Monaten konnte das RSO erfolgreich die politische Aufmerksamkeit auf seine eigene Situation lenken. Dabei kam dem Ensemble zugute, dass es auf vielen Ebenen eng mit der Westberliner Stadtgesellschaft und Politik verflochten war, aber auch darüber hinaus exzellente Kontakte besaß. Umgekehrt hatten die Beschlüsse der Ministerpräsidenten das RSB und den Rundfunkchor ein Stück weit aus der Gefahrenzone herausgezogen, weshalb diese zunächst auch weniger Anlass für lobbyistische Aktivitäten besaßen. Die vermeintlich komfortablere Situation entpuppte sich allerdings, wie sich bald erwies, lediglich als Aufschub. Am 31. Dezember 1991 wurde die Einrichtung, in der die beiden Klangkörper zunächst gemeinsam mit DS Kultur zugeordnet worden waren, schließlich abgewickelt. Anschließend „parkte" man die Ensembles auf Beschluss der Ministerpräsidenten übergangsweise für ein weiteres halbes Jahr bei ZDF und ARD – in der Hoffnung, dass bis dahin die Perspektiven einer Übernahme durch eine nationale Rundfunkanstalt geklärt sein würden.

Der Rundfunkchor als Katalysator der GmbH-Lösung?

Nachdem Monate vergangen waren, in denen Varianten, wie sich die Anbindung der Rundfunkklangkörper lösen lassen würde, durchgespielt worden waren, entwickelte die Übergangslösung ihre eigenen Tücken. Als am 24. Oktober 1991 in Köln Vertreter der ARD, des ZDF und der Einrichtung über die noch ungeklärte Fortführung von DS Kultur ab dem 1. Januar 1992 berieten, entbrannte eine von der

ARD angestoßene Debatte über die Verkleinerung des Rundfunkchores, dessen Größe die westdeutschen Maßstäbe deutlich sprengte.[86] Im Gespräch war eine Reduzierung von 87 auf 35 Planstellen, zugleich wurde überlegt, den Rundfunkchor gegebenenfalls durch den bisherigen RIAS Kammerchor zu verstärken – auch hier lag also ein Fusionsmodell in der Luft.

Die Situation verkomplizierte sich dadurch, dass ARD und ZDF vorerst nicht bereit waren, die Arbeitsverträge der Mitglieder des Rundfunkchors beziehungsweise auch des RSB über das Ende des Jahres 1992 hinaus zu verlängern, solange die Ministerpräsidenten keine endgültige Entscheidung über den nationalen Hörfunk getroffen hatten.[87] Gegen die geplante Schrumpfung des Chors, die auch erhebliche künstlerische Auswirkungen mit sich bringen würde, lief alsbald eine breite Protestwelle an, die anders als im Falle der RSO-Kampagne einen Gesamtberliner Charakter besaß. Sie zeichnete sich auch dadurch aus, dass die beiden betroffenen Chorleitungen an einem Strang zogen.[88]

Das Schicksal des Rundfunkchors – wie auch anderer vor allem ostdeutscher Klangkörper – hing weiterhin von der immer noch nicht geklärten Neuordnung des bundesweiten Rundfunks ab. Viele Musikerinnen und Musiker besaßen wie etwa der Berliner Rundfunkchor teils nur mehrmonatige Verträge mit ungeklärter Anschlussperspektive, andere wurden in ABM-Maßnahmen oder weitere prekäre Beschäftigungsmaßnahmen überführt. Damit wurden auch Musiker Teil des drastischen Anstiegs der Arbeitslosigkeit in Ostdeutschland, die durch die Abwicklung zahlreicher Betriebe im Zuge der Privatisierung durch die Treuhand-Anstalt entstanden war. Bis 1992 waren mehr als eine Million Menschen in den neuen Ländern einschließlich Ostberlins arbeitslos geworden, wobei die Zahl ohne die schätzungsweise 1,7 Millionen Übersiedler aus dem Osten nach Westen und eine halbe Million „Westpendler" sowie ein Bündel arbeitsmarktpolitischer Instrumente noch weit höher ausgefallen wäre.[89]

Am 24. April 1992 trafen sich die Vertreter der Länder und des Bundesinnenministeriums abermals in Bonn, um über die Entwicklung des nationalen Rundfunks zu diskutieren. Im Vorfeld dieser

Arbeitstagung hatte die Berliner Senatskanzlei verschiedene arbeitsmarktpolitische Optionen durchgespielt, um den Rundfunkchor, der derzeit nur bis Ende Juli vollständig finanziert war, zu verkleinern. Diese reichten von ABM-Maßnahmen bis zu Vorruhestandsregelungen, wofür mit dem Ostberliner Rundfunk Tanzorchester (RBT) bereits ein Vorbild existierte.[90]

Auf der Bund-Länder-Arbeitstagung wurde stattdessen diskutiert, die Probleme des Rundfunkchores durch Gründung einer GmbH zu lösen, wobei nun erstmals eine Gemeinschaftslösung erörtert wurde: Vier der Ensembles, nämlich das RSB, der Rundfunkchor, der RIAS Kammerchor und das RIAS-Tanzorchester (RTO, die spätere RIAS Big-Band), sollten in einer gemeinsamen GmbH zusammengefasst werden – das RSO hingegen nicht. Dessen GmbH visionierte man weiterhin eigenständig, getragen vom künftigen nationalen Hörfunk, der Deutschen Welle sowie vom Bund. Zudem planten die Politiker, die beiden Chöre mittelfristig zu verschmelzen, was einer ausschließlich finanziellen Logik folgte, welche die künstlerische Problematik der Fusion eines Sinfonie- und eines Kammerchors ignorierte.[91] Bedenken gegen diesen Plan, die postwendend laut wurden, führten schließlich zum Entwurf einer x-ten GmbH-Variante: Diesmal wollte man lediglich eine GmbH für den Rundfunkchor gründen, bei der auch „potente Unternehmen" beteiligt werden könnten.[92] Erstmalig tauchte somit der Gedanke einer möglichen Public-Private-Partnership auf.

Während anderen Berliner Klangkörpern wie dem Rundfunkorchester Berlin (ROB), um dessen Zukunft im Verlauf des Jahres vergeblich gekämpft wurde, ein in der Presse vielgescholtenes Schicksal als „Erstes Deutsches Arbeitslosenorchester"[93] drohte, hatten sich für den Rundfunkchor neue Perspektiven entwickelt, womit sich seine auch international anerkannte hohe Qualität ebenso wie die breite öffentliche Unterstützung auszuzahlen schienen. Letztere hatte allerdings eine zweischneidige Wirkung hervorgerufen. Briefaktionen, bei denen „Berliner Institutionen, Orchesterchefs und Privatpersonen [...] in erster Linie darauf verwiesen, welche Bedeutung der Chor für das

Berliner Musikleben hat", hatten, wie SFB-Intendant Lojewski dem Berliner Kultursenator Roloff-Momin mitteilte, dazu geführt, dass der Chor auf dieser Bund-Länder-Arbeitstagung „weiterhin nicht als Aufgabe des nationalen Hörfunks, sondern in erster Linie als (weiterer) Problemfall der Berliner Kulturpolitik angesehen" worden sei. Dadurch, so berichtete Lojewski weiter, sei es schwieriger geworden, Unterstützung in der ARD für den Rundfunkchor zu gewinnen, weshalb die Überlegungen zum Erhalt des Rundfunkchors eher von der ARD wegführten. Stattdessen wurden sie zum Katalysator für Debatten um den Zusammenschluss der Klangkörper in einer GmbH-Lösung,[94] auch wenn die Verträge von ARD und ZDF mit dem Rundfunkchor (letztendlich wurden 64 Stellen ausgehandelt) und dem RSB zunächst noch bis Ende des Jahres 1992 verlängert wurden.[95]

Damit strahlte die Privatisierungsdebatte, welche in der Bundesrepublik seit den 1980er-Jahren vor allem auch im Rundfunkbereich stark an Bedeutung gewonnen hatte,[96] zunehmend auch auf die Überlegungen zur Neugestaltung der Berliner Musiklandschaft aus. So kommentiert Wilhelm Matejka im Rückblick auf diese Zeit: „GmbH war seit den 1980er-Jahren ja rasend modern. Die Kulturinstitutionen sollten alle GmbHs werden. Das war so eine Mode."[97] Allerdings ging es dabei allenfalls um eine Privatisierung in sehr abgeschwächter Form, war damit doch keinesfalls verbunden, dass sich Kulturinstitutionen ausschließlich aus ihren eigenen Gewinnen finanzierten.

Während der Zeitdruck angesichts weiterhin ungeklärter Zukunftsperspektiven zunahm, spitzten sich Mitte 1992 die Alternativen vor allem auf zwei Lösungsoptionen für die dem RIAS beziehungsweise dem DS Kultur zugeordneten Orchester und Chöre zu: Zum einen die Anbindung an die noch zu erfindende nationale Rundfunkanstalt und zum anderen eine „Privatisierung light" in Gestalt einer GmbH – wobei offen war, wer sich daran in welchem Umfang finanziell beteiligen sollte. Die Rolle des Hauptpreises spielte in dieser Debatte weiterhin die Anbindung an die künftige nationale Rundfunkanstalt, da dies gleichermaßen mit finanzieller Sicherheit und Reichweite verbunden wurde – die Trägerschaft durch eine GmbH galt dagegen als vergleichsweise beschwerlich und unsicher, nicht zuletzt auch im Hinblick auf die damit verbundenen Arbeitsverträge.

Dieser Konflikt spiegelte sich exemplarisch noch einmal in den entgegengesetzten Planungen wider, die die beiden Intendanten Lojewski (SFB) – abgestimmt mit Senatsrat Fischer – und Drück (RIAS) im Juni dem Berliner Kultursenator jeweils eigenständig präsentierten. Hinsichtlich der Orchester unterschieden sich die von ihnen skizzierten Tableaus vor allem darin, dass Lojewski die Zuordnung des RSB zum künftigen nationalen Hörfunk akzeptierte und für das RSO in seiner angestammten GmbH eine zugesicherte Unterstützung des Bundes einforderte. Drück hingegen bestand weiterhin darauf, dass das RSO zum Hausorchester des nationalen Hörfunks würde, während er das RSB in einer Mehrländeranstalt sah, unterstützt vom Land Brandenburg. Hinsichtlich der Chöre antizipierte Lojewski – angesichts des Konflikts um die Ensemblegröße – eine Fusion, die Drück mit dem nicht von der Hand zu weisendem Argument ausschloss, dass dies angesichts der „unterschiedlichen Identitäten“ beider Chöre keinen Sinn mache.[98]

Fast ein Jahr lang waren also alle möglichen Pläne, wie die Klangkörper von RIAS und DS Kultur in der zukünftigen Rundfunklandschaft aufgehen sollten, hin und her gewälzt worden. Zusammengenommen war ein Kaleidoskop entstanden, das sich je nach Betrachter immer wieder neu ordnete und neue Konfigurationen erzeugte. Dabei bildete die Frage, wer die bevorzugte Position beim künftigen nationalen Rundfunksender einnehmen würde, das zentrale Kriterium. Gleichzeitig zeichnete sich immer deutlicher ein Privatisierungsmodell ab, das denjenigen Ensembles, die keinen Platz an der nationalen Rundfunksonne finden würden, zugedacht war, sei es einzeln oder im Verbund. Wie diese Auseinandersetzung schließlich ausgehen würde, hing Mitte 1992 noch immer wesentlich von der ausstehenden Entscheidung über die Gestalt des nationalen Rundfunksenders ab, die zwischen Bund und Ländern verhandelt wurde.

Bei ihrer Konferenz am 25. Juni 1992 vollzogen die Ministerpräsidenten schließlich einen entscheidenden Schritt: Nunmehr beauftragen sie die Chefs der Staats- und Senatskanzleien, „den Entwurf eines Staatsvertrags der Länder vorzubereiten, der die Grundlagen für die Organisation bundesweiten Hörfunks unter Einbeziehung von DLF, RIAS 1 und DS Kultur" schaffen sollte. Zu den Eckpunkten des geplanten Staatsvertrags gehörte die Gründung einer Rundfunkanstalt (konkret ging es um eine sogenannte rechtsfähige Körperschaft öffentlichen Rechts), die als Gemeinschaftseinrichtung von ARD und ZDF bundesweit zwei Hörfunkprogramme in den Bereichen Information und Kultur senden und ihren Sitz in Köln und Berlin haben sollte.[99] Damit traten zugleich die Verhandlungen über die künftige Struktur und Trägerschaft der Orchester und Chöre von RIAS und DS Kultur in ihre endgültige Phase ein.

Fünf in eins

Fast ein Jahr später, Mitte Mai 1993, schien es, als seien die Würfel für die Klangkörper gefallen. Staatsminister Anton Pfeifer (CDU), der im Ruf stand, Helmut Kohls „heimlicher Kulturbeauftragter" zu sein, hatte gerade die Gründung einer „Auffanggesellschaft" für die fünf Ensembles RSB, RSO, Rundfunkchor, RIAS Kammerchor und RIAS-Tanzorchester verkündet und betont, damit sei eine „kulturpolitisch bedeutsame Entscheidung" gefallen. Diese für die Klangkörper auf den ersten Blick gute Nachricht – immerhin war für alle eine gemeinschaftliche Form gefunden worden – hatte zur Folge, dass sich RSO-Intendant Weingarten im Namen des Orchesters und seines Chefdirigenten Ashkenazy mit scharfer Kritik an die Öffentlichkeit wandte.[1]

Ziel der geplanten GmbH-Gründung sei, so Weingarten, die „verdeckt eingefädelte, schleichende Fusionierung" von RSO und RSB zu einem einzelnen Orchester des sich mittlerweile in seiner Gründung befindlichen nationalen Hörfunks, des späteren Deutschlandradios. ARD und ZDF, die Träger des neuen bundesweiten Hörfunks, sowie Teile der Bundesregierung, das Finanzministerium und Medienreferat des Innenministeriums wollten sich entgegen den Zusicherungen, die die beiden Orchester seitens des Berliner Senats und des Bundeskanzlers erhalten hatten, der Kosten für zwei separate Ensembles entledigen. Nachdem Berliner Vertragsentwürfe, die die künstlerische Autonomie beider Ensembles garantiert hätten, abgelehnt worden seien, drohe nun eine „vorprogrammierte Selbstzerfleischung" unter der „erkennbar unzulänglich operierende[n] Rundfunkbürokratie, die bestenfalls mittels inkompetenter Herrschaft Mittelmaß abzusichern in der Lage ist."[2]

Weingarten konnte sich mit diesem abermaligen Brandbrief, den er mit dem Zitat des DDR-Dramatikers Peter Hacks „Die Gunst der

Oberen schützt uns nicht vor den Nachstellungen der Unteren" schloss, eines großen Presseechos sicher sein.[3] Mit Unverständnis reagierte hingegen Gideon Rosengarten, Leiter der Hauptabteilung Musik beim RIAS und Kuratoriumsmitglied der RSO GmbH. In einem Brief an seinen Intendanten Drück machte er seine Position deutlich: Weingarten habe sich nicht nur ohne Mandat des Kuratoriums zu Wort gemeldet und mit seinen Äußerungen über den Rundfunk den RIAS düpiert, er verwechsele auch „absichtlich die GmbH-Lösung für alle fünf Klangkörper einerseits mit einer Fusionierungsnotwendigkeit zwischen RSO und RSB andererseits". Man könne „sehr wohl das eine tun und das andere lassen".

Offenbar interpretierten beide den vorliegenden Entwurf des Gesellschaftsvertrages unterschiedlich: Wo Weingarten eine Fusionierung festgeschrieben sah, verstand Rosengarten die diesbezüglich ausschlaggebende Vertragsklausel offener. Wörtlich gab sie vor, dass die „Möglichkeiten der Rationalisierung der Arbeit der Ensembles", die sich „aus der gemeinsamen Trägerschaft und Arbeitgeberfunktion der Gesellschaft" ergaben, „auszuschöpfen" seien. Rosengarten sah in dieser Formulierung lediglich die Möglichkeit einer Fusion, eine Option, die er als politisch notwendiges Zugeständnis akzeptierte. Gleichwohl riet er Drück, darauf zu achten, dass die Klausel im nächsten Verhandlungsschritt so „‚gummiartig' wie möglich" formuliert werde.[4]

Diese Episode ist symptomatisch für den Grundkonflikt der Verhandlungen zur Überführung der fünf Berliner Ensembles im Zuge der Gründung des Deutschlandradios. Nachdem sich das Land Berlin, der Bund, die ARD und das ZDF in einem ersten Verhandlungsschritt auf die Rechtsform und das Grundgerüst einer GmbH hatten einigen können, gingen mehrere konkurrierende langfristige Strategien für die Zukunft der Klangkörper GmbH in das Rennen. Zentral standen jetzt zwei Fragen im Raum: Sollte das RSO mit in die neue GmbH integriert werden? Und würde, falls tatsächlich alle fünf Ensembles in einer Gesellschaft aufzufangen wären, die künstlerische Eigenständigkeit der beiden Orchester erhalten bleiben oder die alte Debatte um Fusionierung erneut aufbrechen?

Fast alle gegen fast alle

Fast ein Jahr vor Weingartens Brandbrief, im Sommer 1992, war wie geschildert eine entscheidende Weichenstellung erfolgt: Mit dem Beschluss der Ministerpräsidentenkonferenz vom 25. Juni 1992 war man sich grundsätzlich einig, einen bundesweiten Hörfunk einzurichten, dessen Träger die ARD und das ZDF waren. Für die nun folgende Ausarbeitung eines Staatsvertrages zur Gründung des neuen Senders waren die Staatskanzleien der Länder zuständig, die die Kulturhoheit besaßen und damit auch für Fragen des Rundfunks zuständig waren. Ein erster Entwurf des Staatsvertrags ließ jedoch noch ein gutes Jahr auf sich warten. Die Konflikte, die es zu lösen galt, betrafen nicht nur Fragen der programmlichen, personellen und tariflichen Besitzstandswahrung der Sender. Auch wirtschaftliche Aspekte, etwa bezüglich des finanziellen Ausgleiches der vorübergehenden Fortführung von DLF und RIAS durch den Bund oder der Überlassung des bundeseigenen RIAS-Funkhauses spielten eine gewichtige Rolle. Und nicht zuletzt gehörte auch die Debatte um die Trägerschaft der Klangkörper zu den langwierigsten Streitpunkten.[5]

Zur Klärung all dieser Fragen setzten die Länder einen Gründungsausschuss ein, der sich am 22. Oktober unter dem Vorsitz des Chefs der Staatskanzlei von Rheinland-Pfalz, Karl-Heinz Klär (SPD) konstituierte. Die 15-köpfige Gruppe bestand aus je zwei Vertretern von ARD und ZDF, je vier Vertretern von Bund und Ländern sowie je einem Vertreter der drei Sender DLF, RIAS und DS Kultur. Formal hatte dieser Ausschuss zwar nur beratende Funktion. Da der Beschluss der Ministerpräsidenten die Klangkörperfrage ausgeklammert hatte – bis auf den kursorischen Hinweis, dass ihr früherer Beschluss vom 4. Juli 1991, wonach mindestens ein Klangkörper übernommen werden solle, unberührt bleibe –, bildete er aber ein wichtiges Forum für die Debatte, was mit den Berliner Ensembles geschehen solle. Insbesondere da sich die ursprüngliche Formulierung des Beschlusses vom 4. Juli wie geschildert nur auf die Klangkörper der Einrichtung, also den Ostberliner Rundfunkchor und das RSB, bezog, blieb die

Unsicherheit über die künstlerische und wirtschaftliche Perspektive der Klangkörper bestehen.[6]

Wie bei Detailverhandlungen üblich, setzte der Gründungsausschuss unter anderem einen Unterausschuss ein, der für Finanzierungsfragen zuständig war. Diesen beauftrage er, sich mit der Klärung von Überleitungsfragen von „DLF, RIAS, aber auch DS Kultur einschließlich von Klangkörpern zu befassen, und zwar nur insoweit, als es sich um einen übernahmefähigen und finanzierbaren Status aus der Sicht der neuen Körperschaft handelt."[7] Diese Formulierung sorgte erneut für Verunsicherung. Jedes der fünf Ensembles musste sich fragen, ob es darin überhaupt inbegriffen war. Für die „eher für Rundfunkzwecke geeigneten RIAS-Klangkörper" zog der Verwaltungsdirektor des RIAS, Christian Wagner, den Schluss, dass diese „bisher nicht zur Übernahme vorgesehen sind." Aber auch der Rundfunkchor dürfte gezweifelt haben, ob er beispielsweise wegen seiner intensiv debattierten und mittlerweile abgeschmolzenen Ensemblegröße als finanzierbar galt – eine Frage, die sich auch das RSB stellen musste.

Bereits im September hatte der DLF einen eigenen Vorschlag vorgelegt. Das Kölner Konzept griff das Stakeholder-Modell auf und votierte dafür, alle Klangkörper in eine vom bundesweiten Rundfunk völlig unabhängige GmbH zu überführen, die gemeinsam vom ZDF, dem Bund und eventuell der Deutschen Welle zu tragen wäre.[8] Zwei Monate später, im November, lehnte das ZDF diesen Vorschlag ab. Als kurz darauf ein gemeinsames Papier von ARD und ZDF zur Finanzierung des nationalen Rundfunks an die Presse gelangte, in dem die RIAS-Klangkörper wie von diesen befürchtet nicht mehr berücksichtigt wurden, wuchs bei ihren Musikerinnen und Musikern die Angst vor einer Abwicklung.[9] „Es wäre auf skandalöse Weise widersinnig, Maßnahmen zum Erhalt der Kultur im Osten mit dem gleichzeitigen Abbau der Kultur im Westen zu verbinden", kommentierte der Geschäftsführer der Deutschen Orchestervereinigung Rolf Dünnwald in einem Protestbrief an den Gründungsauschuss diese aus seiner Sicht „zynische" Fehlinterpretation des Ministerpräsidentenbeschlusses –

und wiederholte damit ein Argument, das schon seit der Ministerpräsidentenkonferenz vom 4. Juli 1991 aus Westberliner Sicht verstärkt in Anschlag gebracht worden war.[10]

Beim DLF hatte man eine andere Perspektive auf die Sachlage. Dort schreckte man vor allem vor den Finanzierungskosten zurück, die allein für die beiden RIAS-Klangkörper, das RSB und den Rundfunkchor mit 35 Millionen DM veranschlagt worden waren. Wie auch die beiden Berliner Funkhäuser war der Kölner Sender bestrebt, möglichst viele Stellen und Strukturen am eigenen Standort zu erhalten, und besaß, im Gegensatz zum DS Kultur und dem RIAS, keine enge Bindung an die Ensembles.[11] Deshalb versuchte man in Köln, von der durch die Ministerpräsidenten vorgegebenen Linie abzubiegen, und bevorzugte für die Klangkörper eine Lösung ohne Beteiligung des nationalen Rundfunks, womit der mittlerweile einjährige Streit der Ensembles um den begehrten Platz unter der nationalen Radiosonne obsolet zu werden drohte. Der Erhalt des RSO sollte nach den Septemberplänen des DLF ohnehin gesondert geregelt werden.

Der finanzielle Rahmen für das nationale Radio war jedoch bereits mit der Unterzeichnung des Staatsvertrages über den Rundfunk im vereinten Deutschland (31. August 1991) festgelegt worden. Er setzte sich mit dem Stichtag 1. Januar 1992 aus einem Anteil an der Rundfunkgebühr von 0,75 DM monatlich und einem Anteil an der Grundgebühr von 58 Millionen DM jährlich zusammen.[12] Die Mittel für die Orchesterfinanzierung hätten damit mehr als zehn Prozent des damals vorgesehenen Gesamtbudgets des zu gründenden Senders – kalkuliert waren jährlich 305 Millionen DM – entsprochen.

Die durch den vagen politischen Auftrag des Gründungsausschusses verschärfte Konkurrenz zwischen „West-“ und „Ost-Klangkörpern“ vermischte sich letzten Endes mit dem Ringen um die Besitzstandswahrung der in Berlin und Köln ansässigen Funkhäuser, die aufgrund der von den Ministerpräsidenten (am 12. März) beschlossenen Standorte des nationalen Hörfunks – Köln und Berlin mit jeweils eigenständigem Programm – in ein Konkurrenzverhältnis traten.[13] Die Ensembles nahmen das nicht unkommentiert hin: Die Sängerinnen und Sänger des Rundfunkchors beispielsweise, die nicht wussten, ob ihre bisher nur bis zum Ende des Jahres 1992 gültigen Arbeitsverträge vom ZDF noch einmal verlängert würden, fragten entgeistert, ob die Verantwortung für „ihre künstlerische Zukunft“ nun bald übernommen würde oder aber stattdessen „die Hauptstadtdebatte ‚Köln-Berlin‘ fortgesetzt“ werde.[14]

Gegen Versuche, die RIAS-Klangkörper von einer Weiterführung unter Beteiligung des bundesweiten Hörfunks auszuschließen, argumentierte Drück wie schon im Vorjahr, dass Kammerchor und Tanzorchester integrale Bestandteile des RIAS und ihre Mitglieder Beschäftigte des Senders seien, der nach dem Beschluss der Ministerpräsidenten vom 12. März in den nationalen Hörfunk überführt werden sollte. Mit dieser Rechtsauffassung konnte Drück zwar auf die Unterstützung Berlins und des Bundes zählen,[15] doch wollten die anderen Länder ebenso wie der DLF eine zu hohe finanzielle Belastung des neuen nationalen Hörfunks vermeiden. „Falls der Bund auf seine bisherigen Forderungen bestehe, dass die beiden RIAS-Klangkörper im Wege der Gesamtrechtsnachfolge auf die Körperschaft übergehen müssen“, so hieß es im Protokoll eines Bund-Länder-Gespräches, so „sei die Gesamtrechtsnachfolge als solche in Frage zu stellen“.[16]

Herrschte schon über diesen Streitpunkt Uneinigkeit, verhärteten sich die Fronten bei der Frage, wie die RSO GmbH, an der der RIAS wie geschildert nur 25 Prozent hielt, in eine Lösung einbezogen werden sollte, um so mehr. Drück knüpfte an die Argumente an, die Weingarten im Vorjahr vorgebracht hatte, und schlug vor, das RSO als Hausorchester des künftigen Deutschlandradios zu etablieren, um so die vom Ensemble und seinem Chefdirigenten angestrebte bundesweite Repräsentationsfunktion als „zweites Orchester“ Berlins zu erreichen. Das RSB hingegen konnte er sich gut in einer GmbH vorstellen, die vom SFB, dem ORB und dem Land Berlin getragen würde.[17] Diese Lösung musste bereits daran scheitern, dass der SFB sie entschieden abschmetterte. Der Sender signalisierte zwar Bereitschaft, den wegfallenden Anteil des RIAS bei der Finanzierung der RSO GmbH zu übernehmen, weigerte sich aber, einen anderen Klangkörper als das RSO mitzufinanzieren, mit dem er seit über vierzig Jahren eine enge künstlerische Zusammenarbeit pflegte. Zudem verband SFB und RSO ein für den Sender sehr vorteilhafter Produktionsvertrag: Achtzig Prozent der Kosten der RSO GmbH wurden durch das Land Berlin und den Bund gedeckt. Konkret sah die Zusammenarbeit so aus: Mehr als die Hälfte der vom SFB getragenen Kosten wurden mit einem Produktionsvertrag über rund 1 Millionen DM verrechnet. Damit waren dem Sender in etwa 60 Orchesterdienste zugesichert, die der GmbH entstandenen Kosten aber nicht annähernd gedeckt.[18]

Ob nun im Rundfunksender-Huckepack- oder in Variationen des Stakeholder-Modells: Die Beibehaltung des Status quo einer eigenständigen RSO GmbH schien immer weniger eine Option. Zum einen galt weiterhin der Vorbehalt Weingartens und Ashkenazys, wonach das RSB als „Deutschlandradio-Orchester" in Zukunft einen starken Wettbewerbsvorteil besitzen würde. Zum anderen schob sich jetzt ein akutes Problem in den Vordergrund, denn mittlerweile standen die Zuschüsse des Bundes auf wackligen Füßen. Für das Jahr 1992 hatte der Haushaltsausschuss des Bundestages der Orchesterförderung durch den Bund zwar zugestimmt, sie aber bis 1994 begrenzt – und das auch nur unter einem zweifach mahnenden Hinweis: Zum einen fielen die Orchester eigentlich in den Aufgabenbereich der Länder, zum anderen sei es nicht zu rechtfertigen, dass lediglich etablierte „West-Orchester" (konkret waren es drei Ensembles: das RSO, die in NRW ansässige Philharmonia Hungarica und die Bamberger Symphoniker) diese Förderung erhielten.[19] Auch der Bundesrechnungshof zückte die gelbe Karte und bemängelte, dass mit der deutschen Einheit die Rechtsgrundlage für die Bundesförderung entfallen sei.[20]

Gerti Peters, die damalige Leiterin des Musikreferats im Bundesinnenministerium (BMI), die in dieser Funktion zugleich Kuratoriumsmitglied der RSO GmbH war, schätzte jetzt die Aussichten auf eine weitere Verlängerung der Bundesmittel als unsicher ein. Unter diesen Umständen unterstützte man im BMI den Vorschlag Drücks, das RSO in den „nationalen Rundfunk“ zu überführen und die Finanzierung des RSB entweder Berlin oder Brandenburg zu überlassen. Sollte dies nicht möglich sein, würde das BMI darauf bestehen, das RSB mit einer „erheblich reduzierte[n] Mannschaft“ zu übernehmen, damit genügend Mittel für die RIAS-Klangkörper zur Verfügung stünden.[21] Kurze Zeit später wurde das BMI beauftragt, bis Mitte des Jahres 1993 dem Haushaltsausschuss eine Antwort auf die Frage vorzulegen, welche neuen Träger ab Januar 1995 die auslaufende Bundesförderung für die drei Orchester ersetzen könnten.[22] Nach der nun wieder Fahrt aufnehmenden Querele erschien eine Lösung für die Berliner Klangkörperfrage zum Jahresende in so weiter Ferne, dass der SFB-Intendant Lojewski beschloss, die Ministerpräsidenten der Länder zu bitten, ZDF und ARD zu ermächtigen, ihre Verträge mit den Musikerinnen und Musikern – die mittlerweile schon bis zum 31. Juli 1993 verlängert worden waren – noch einmal zu verlängern.[23]

Ein weiterer Vorschlag des DLF brachte neue Dynamik in die festgefahrenen Verhandlungen. Anfang Dezember 1992 erhielt der Hauptabteilungsleiter Kultur des DLF, Matthias Sträßner, von seinem Intendanten Dettmar Cramer den Auftrag, ein neues Konzept für die Berliner Klangkörper zu entwickeln. Sträßner, der zuvor unter anderem die Gründung einer GmbH zur Veranstaltung der Ludwigsburger Schlossfestspiele und die Gründung einer Dienstleistungstochter des DLF betreut hatte, verfolgte eine Variante des Stakeholder-Konzepts: Die Fortführung der Berliner Klangkörper sollte über eine GmbH unter Beteiligung des nationalen Hörfunks, des Bundes, des Landes Berlin (gegebenenfalls mit Brandenburg) sowie des SFB und des ZDF erfolgen.[24]

Während sich Sträßner für den Erhalt der beiden künstlerisch eigenständigen und flexibel einsetzbaren Chöre sowie des RIAS-Tanzorchesters aussprach, das sich als Unterhaltungsensemble unter anderem durch Fernsehauftritte selbst finanzieren könne, empfahl er, nur ein Orchester in die GmbH zu übernehmen: Das RSO, das sich unter Ashkenazy „einen der vorderen Plätze (nicht nur in Berlin)“

erspielt habe, sollte mit dem RSB, bei dem „zwei lange Phasen der Isolierung vom internationalen Musikleben" ihre Spuren – vor allem in der Rezeption moderner Musik – hinterlassen hätten, zum „RSOB" fusionieren. Das nach einem Gespräch mit Weingarten entstandene Papier entsprach in diesem Punkt genau den Plänen, die dieser bereits ein Jahr zuvor geschmiedet hatte.[25] Sträßner kalkulierte, dass das RSO innerhalb von zwei bis drei Jahren von 110 auf 150 Musiker aufgestockt werden könnte. Mittels Vorruhestandsregelungen, die die Lasten „sozialverträglich" und gerecht zwischen Ost und West verteilen würden, sollten die 60 freiwerdenden Stellen des „RSOB" durch RSB-Musiker besetzt werden. Durch Synergieeffekte in der gemeinsamen Verwaltung könnten weitere 10 bis 15 Stellen wegfallen. Wie manch anderer attestierte auch Sträßner Berlin ein enormes Überangebot von Orchestern – allein für das letzte Quartal zählte er 210 Sinfoniekonzerte – und sah in der Fusion die Chance, der Berliner „Nummer eins" – also den Philharmonikern – „langfristig ein[en] ernstzunehmende[n] Konkurrent[en]" zu schaffen. Gleichzeitig fand er es plausibel, durch die Formierung von Unterensembles bestehende Marktlücken zu schließen.[26]

Seitens des DLF bedeutete dies ein finanzielles Entgegenkommen, war man doch nunmehr bereit, als künftiger Bestandteil des nationalen Hörfunks innerhalb einer GmbH einen Beitrag von 20 Millionen DM zu zahlen, was fast zwei Dritteln (circa 60 Prozent) der prognostizierten Kosten für das „RSOB" beziehungsweise einem guten Drittel (circa 35 Prozent) der prognostizierten Gesamtkosten von 53 Millionen DM für den Unterhalt aller Berliner Klangkörper entsprach. Die Mehrheit der Ländervertreter begrüßte dies und machte im Gegensatz zum Bund, dem Land Berlin und dem ZDF, die angaben, weiterhin möglichst viele Klangkörper erhalten zu wollen, deutlich, „dass sie sich eine Fortführung des gesamten Klangkörperbestandes" durch den nationalen Hörfunk „nicht vorstellen" könnten.[27]

Zum Jahreswechsel 1992/1993 geriet der Berliner Senat daher in der Klangkörperfrage aus zwei Richtungen unter Druck: Zum einen bestand die Option, eines der beiden Orchester zum Hausorchester des späteren Deutschlandradios zu machen. Zum anderen stand die Stakeholder-Variante der GmbH-Lösung Sträßners im Raum.

Im Deutschlandradio-Hausorchester-Szenario sah die Rechnung für Berlin wie folgt aus: Das Land hätte entweder die gesamten Kosten des RSB oder die Kosten des RSO tragen müssen (mit einer Beteiligung des SFB von maximal 50 Prozent an der RSO GmbH, sofern der Sender tatsächlich den ehemaligen RIAS-Anteil an der GmbH übernommen hätte). Hinzu wären wahrscheinlich die Gesamtkosten einer der beiden Chöre gekommen – dafür sprach die Interessenkoalition zwischen dem DLF und einer Mehrheit der Länder, die die vom Deutschlandradio zu tragenden Kosten begrenzen wollten. An dieser Stelle ist ein Blick auf die Kassenlage angebracht: Der Kulturetat Berlins war im Zuge der Vereinigung zwischen 1991 und 1994 zwar von über 900 Millionen DM auf 1,2 Milliarden DM gestiegen – und betrug damit nicht mehr nur zwei, sondern fast schon drei (2,7) Prozent des Gesamthaushalts. Aber angesichts der seit Beginn der Legislaturperiode angestrebten Konsolidierung des Haushalts und der Kürzung der Bundeszuschüsse für Kulturausgaben (von 210 Millionen DM auf zunächst Null bis 1994) galt es zu sparen. Allein für die Kulturhaushalte 1992 und 1993 verordnete man pauschale Minderausgaben von zusammen 50 Millionen DM. Diesen Einsparungen fiel im Oktober 1993 etwa das Schillertheater zum Opfer.[28]

Dass Berlin angesichts dieser Haushaltslage neue und langfristige Finanzierungsverpflichtungen eingehen würde, war schwer vorstellbar. Zudem wurde im Kultursenat auf einmal argumentiert, dass RSB und Rundfunkchor reine Rundfunkklangkörper seien, für die das in der Landeshaushaltsordnung geforderte „erhebliche Interesse Berlins" nicht nachgewiesen werden könne. Die Tatsache, dass sich das RSB über seine Rundfunktradition zu profilieren suchte und die beiden Ostberliner Klangkörper die in der Bundesrepublik schon früher begonnene Umorientierung der Rundfunkklangkörper hin zu Konzertensembles nachholen mussten, wurde somit politisch zu Lasten des RSB und des Rundfunkchores ausgelegt. Dem stellte man die künstlerische Klasse des RSO gegenüber, das nach zweijähriger Diskussion im August 1992 beschlossen hatte, der nach der Vereinigung entstandenen Verwirrung rund um die Bezeichnung der Klangkörper Rechnung zu tragen und sich durch die (zunächst allerdings noch nicht erfolgende) Umbenennung in „Deutsches Symphonie-Orchester Berlin" (DSO) auch im Namen vom Rundfunk zu lösen[29] und zugleich zu symbolisieren, dass es einen nationalen Rang beanspruchte.

Und Sträßners Stakeholder-Variante der GmbH-Lösung? Sie hätte zwar geringere, aber immer noch erhebliche Mehrkosten bedeutet. Mit der geplanten Orchesterfusion besaß sie zudem das Potenzial, ein PR-Desaster für den Berliner Senat zu werden. Einen Vorgeschmack auf die zu erwartenden politischen Kosten einer Fusion bot die bereits erwähnte Schließung des Schiller-Theaters, die Kultursenator Roloff-Momin den Ruf des „Schiller-Killer" einbrachte und ihn nach eigenem Empfinden „zum bestgehassten Mann dieser Stadt, zumindest im Westen" machte. Auch die Kontroverse um die Fusion der Ost- und West-Berliner Akademie der Künste steckte der Stadt noch in den Knochen. Sie war entbrannt, nachdem Roloff-Momin im Oktober 1991 angekündigt hatte, der Ostberliner Akademie ab März 1992 die Mittel zu streichen.[30]

In diesem Zusammenhang wurde ein weiterer Punkt interessant: Denn selbst wenn die in der Akademie-Kontroverse aufgeworfene Frage, inwieweit die Ostberliner Akademie ein Instrument des SED-Regimes oder „kulturelle Substanz" gewesen sei, sehr viel stärker vergangenheitspolitisch aufgeladen war als die Debatte um die Berliner Chöre und Orchester,[31] blieb die Klangkörperfrage nicht frei von vergangenheitspolitischen Argumenten. Davon zeugt ein Papier zur Profilbildung des RSB aus dem Frühjahr 1993, in dem neben dem Ausbau der Konzerttätigkeit und Schallplattenproduktion die „Aufarbeitung der ostdeutschen Musikgeschichte" und die „Aufführung verbotener und verfehmter [sic!] Komponisten" als Ziele ausgegeben wurden, womit man sich zweifellos dem Profil des durch die Berliner Senatsverwaltung für Kultur bevorzugten RSO annähern wollte, das sich nicht zuletzt durch die Wiederentdeckung „entarteter" Musik einen Namen gemacht hatte.[32]

Nur wenige Monate vor Sträßners Fusionsvorschlag hatten die Kürzungen im Kulturetat zur Auflösung des bereits im vorherigen Kapitel erwähnten „Ersten Deutschen Arbeitslosenorchesters“, des Rundfunkorchesters Berlin (ROB), geführt. Das von der Nachfolgegesellschaft der Einrichtung, der Neuen Fünf Länder GmbH (NFL), – also letztlich von den neuen Bundesländern und Berlin – getragene Ensemble hatte trotz Benefizkonzerten, einer Protestaktion der Musiker vor dem Schöneberger Rathaus und der Unterstützung von so unterschiedlichen Seiten wie der Berliner PDS und dem Vorstand der Philharmoniker keinen neuen Träger gefunden. Der Berliner Senat war nicht bereit, für eine von der Deutschen Orchestervereinigung (DOV) angestrebte Fusion mit einem weiteren Klangkörper, dem Westberliner Symphonischen Orchester Berlin (SOB), das vom Senat bezuschusst wurde, Mittel zur Verfügung zu stellen. Auch die Kosten für die vom ROB-Orchestervorstand vorgeschlagene Gründung einer ROB GmbH zur Überbrückungsfinanzierung – in Höhe von rund 5,5 Millionen DM – wollte man in Charlottenburg nicht tragen, nachdem die Trägerschaft der NFL im Juli 1992 auslief.[33]

Während das ROB mit seinem populären Programm im Berliner Feuilleton ein vergleichsweise geringes Renommee genoss, hätten substanzielle Kürzungen sowohl beim RSB als Traditionsensemble, dessen Fortbestand in den Beschlüssen der Ministerpräsidenten zugesichert worden war und zu dessen Fürsprechern unter anderem Bundeskanzler Kohl gehört haben soll, als auch beim RSO, das im Westberliner Establishment bestens vernetzt und künstlerisch geschätzt war, noch weitaus höhere politische Kosten verursacht. Insbesondere auf die politisch potenziell sensible Zusage des Regierenden Bürgermeisters Diepgen an den RSO-Chefdirigenten Ashkenazy wiesen in diesem Zusammenhang die Referenten des Kultursenators Roloff-Momin hin, womit sie bereits antizipierten, dass der RSO-Intendant Weingarten den drohenden Weggang des Maestros wie schon so oft auch künftig als Druckmittel gegenüber dem Senat einsetzen würde.[34]

Der Gründungskompromiss

Vor die Wahl zwischen zwei politisch missliebige Optionen – kostspieliges Deutschlandradio-Hausorchester oder skandalanfälliges Stakeholder-Fusionsmodell – gestellt, versuchte der Berliner Kultursenat, eine endgültige Entscheidung zwischen Skylla und Charybdis hinauszuzögern: Für das RSO sollte der Status quo beibehalten werden, indem die Finanzierung durch den Bund auf eine neue rechtliche Grundlage gestellt würde. Im August 1992 war endlich der Hauptstadtvertrag zwischen Bund und Land geschlossen worden, in dem geregelt wurde, in welchen Bereichen Bund und Land bei der Verwirklichung der „Hauptstadtfunktion" Berlins zusammenarbeiten sollten. Jetzt verhandelte man über die Höhe und die Ausgestaltung der Mittel, die der Bund zu diesem Zweck zur Verfügung stellen sollte. Die Finanzierung des RSO sollte nach Auffassung des Kultursenats Gegenstand dieses sogenannten „Hauptstadtfinanzierungsvertrages" werden. Die Anregung dafür ging höchstwahrscheinlich von der Intendanz des RSO aus, die nun mit allen Mitteln auf die künstlerische und finanzielle Eigenständigkeit des Ensembles pochte, nachdem sie, wie im vorherigen Kapitel geschildert, im Juni 1991, also noch vor dem Hauptstadtbeschluss, sogar selbst kurzzeitig eine Fusion der beiden Orchester erwogen hatte,[35] die letztlich auf eine Auflösung des RSB und die Integration seiner besten Teile in das RSO hinausgelaufen wäre.

Etwa zur gleichen Zeit, im Januar 1993, legte der Chef der rheinland-pfälzischen Staatskanzlei Klär (SPD) für die Länder einen überarbeiteten Vorschlag vor, der auf dem Konzeptpapier Sträßners aufbaute und eine endgültige Entscheidung über die Orchesterfusion zwar verschob, aber nicht ausschloss: Alle fünf Klangkörper sollten zunächst als eigenständige Ensembles von einer GmbH getragen werden, die zu 50 Prozent vom Bund, zu 20 Prozent vom Deutschlandradio und zu je 10 Prozent vom Land Berlin, der ARD und dem ZDF getragen werden würde. „Es sei dann Sache der GmbH, notwendige Verschlankung bei den Klangkörpern durchzuführen."[36]

Vor diesem Hintergrund sollte Roloff-Momin seinem Kollegen, dem Chef der Berliner Senatskanzlei Volker Kähne (CDU), eine Empfehlung für das Abstimmungsverhalten Berlins bei den entscheidenden Bund-Länder-Gesprächen am 10. Februar 1993 geben.[37] In einem ersten Entwurf seines Antwortschreibens legte er noch dar, dass „aus Vernunftsgründen – finanzieller Art – langfristig nur ein Orchester erhalten" werden könne. Dabei solle der Fusionsprozess möglichst lange, circa zehn Jahre, gestreckt werden und das Fundament des neu gegründeten fusionierten Klangkörpers müsse das „international renommiertere Orchester", das RSO, bilden.[38] In Roloff-Momins finalem Antwortschreiben hieß es dann jedoch, unter Hinweis auf Diepgens Schreiben an Ashkenazy aus dem Vorjahr: „Die Position Berlins für die Sitzung der Bund/Länder-Arbeitsgruppe [...] ist aus kulturpolitischer Sicht eindeutig zu bestimmen. Das RSO darf nicht in die geplante Dach-GmbH eingebracht werden."[39]

Was hatte den Kultursenator zu diesem Sinneswandel bewogen? Vermutlich hatte ihn inzwischen ein Anruf von Elmar Weingarten erreicht, der am selben Tag protokolliert worden war, in dem der RSO-Intendant mitteilte, dass er in Absprache mit Ashkenazy weiterhin für die Beibehaltung des Status quo plädiere.[40] Noch am 9. Februar war aus der Sicht des Senats damit zumindest für das RSO ein einigermaßen standfester Pflock eingeschlagen worden.

Am 10. Februar setzte sich entgegen der Position Roloff-Momins in der Bund-Länder-Sitzung die GmbH-Lösung für alle fünf Klangkörper durch – womöglich auch, weil der Bund in den Haushaltsberatungen doch noch finanzielle Spielräume in der Orchesterförderung entdeckte. Nichtsdestotrotz hielten der Bund und Berlin an der Finanzierung des RSO über den Hauptstadtvertrag fest. Verändert wurden in diesem Grundsatzbeschluss lediglich die Gesellschafteranteile: Das Deutschlandradio übernahm die Anteile seiner beiden Träger, ARD und ZDF, und hielt damit 40 Prozent an der geplanten GmbH. Der Bund hielt nur noch 35 Prozent, das Land Berlin 20 Prozent und der SFB 5 Prozent.[41] Damit wurde dem Hinweis des verhandelnden Staatssekretärs des Bundesinnenministeriums, Johannes Vöcking (CDU),

Rechnung getragen, dass der Bundesanteil der Zustimmung des Finanzministers und des Haushaltsausschusses bedürfe und daher nur unter Vorbehalt und befristet zugesagt werden könne.[42] Dies war ein weiteres substanzielles Zugeständnis der Öffentlich-Rechtlichen gegenüber ihrem früheren Angebot, einen Anteil von 35 Prozent zu übernehmen, zumal der Unterausschuss Programm des Gründungsausschusses den Klangkörpern bescheinigt hatte, dass ihre Finanzierung zwar auf der Grundlage eines allgemeinen Kulturauftrags gerechtfertigt sei, sie aber für die Programmgestaltung des neuen Senders nur bedingt nutzbar seien.[43]

Nachdem die Würfel für die Stakeholder-Variante gefallen waren und feststand, dass eine Auffanggesellschaft gegründet werden sollte, waren aber nicht alle Fragen gelöst. Obwohl die Gesellschaft spätestens seit dem 12. Februar 1993 einen Namen gefunden hatte – sie firmierte unter dem technisch-praktischen Namen „Rundfunk-Orchester und -Chöre GmbH“[44] – blieb offen, was dies konkret für die fünf Ensembles bedeutete, zumal Berlin an der Option einer künftigen eigenständigen Finanzierung des RSO auf der Grundlage des Hauptstadtvertrages festhielt. Noch bis Anfang Mai – wenige Tage vor Weingartens Brandbrief – erwog Berlin, das RSO in einer separaten GmbH fortzuführen. Die konkrete Ausgestaltung der ROC GmbH – die bald zur „Rundfunk Orchester und Chöre gGmbH“ (ROC) wurde – erfolgte von März bis Juni 1993 unter der Federführung Berlins in Kooperation mit dem ZDF innerhalb des Gründungsausschusses zum bundesweiten Hörfunk, ohne dass vorab eine politische Entscheidung hinsichtlich der künstlerischen Eigenständigkeit der ROC-Klangkörper getroffen wurde und ohne dass die Konflikte zwischen dem DLF und den Bundesländern sowie dem Bund und Berlin hinsichtlich der Finanzierung der GmbH und der Rolle des RSO aufgelöst worden waren.[45]

Im Februar ging das Ringen um die Eigenständigkeit der Ensembles in seine nächsten Runden. RIAS-Intendant Drück warb beim Bundesinnenministerium, bei der renommierten Konzertagentur Adler und beim Generalsekretär des Deutschen Musikrats für die RIAS-Klangkörper mit einem Gutachten, das der Direktor der Hochschule für Musik und Theater Hannover, Richard Jacoby, für den Gründungsausschuss erstellt hatte. Jacoby fuhr darin alle rhetorischen Geschütze auf. „Für [den] mentalen Vereinigungsprozess“, so hieß es im Gutachten, „bedarf es der Hilfe aller geistig-kulturellen Kräfte, die vielleicht mehr als administrative in der Lage sind, die noch vorhandenen und beklagten Defizite zu kompensieren, die gegenseitige Identifikation und damit die Bejahung des politischen Geschehens zu fördern.“[46] Ferner setzte sich Drück bei der Jüdischen Gemeinde Berlins, deren Sabbatfeier der RIAS seit 1948 mit musikalischer Begleitung des Kammerchores übertrug, dafür ein, die Bedeutung des Ensembles gegenüber Ignatz Bubis, dem Vorsitzenden des Zentralrats der Juden in Deutschland, hervorzuheben.[47]

Angesichts der starken Lobby des RSO verwundert es nicht, dass sich nun die Ost-West-Spannungen verstärkten. Monika Künzel, einstige Chefredakteurin bei DS Kultur, hatte den Eindruck, dass „die Berliner Lokalpolitiker in erster Linie hinter den Interessen des RIAS stehen.“ Nicht nur in Bezug auf die Klangkörper von DS Kultur, deren „künstlerische Identität“ sie bedroht sah. Sondern auch in anderen Fragen der Gründung des Deutschlandradios, wie etwa der Programmgestaltung des neuen Senders und der Nutzung der Produktionsstätten in der Nalepastraße – dem ehemaligen Sitz des Rundfunks der DDR –, sah sie DS Kultur in der Defensive. Die einzigen politischen Verbündeten des Senders seien das ZDF und die rheinland-pfälzische Staatskanzlei.[48] Mit den Worten „Help – we need somebody!“ wandte sie sich an Wolfgang Thierse (SPD), der ihre Bedenken hinsichtlich einer „Liquidierung“ von DS Kultur gegenüber dem Gründungsausschuss bekräftigte.[49]

Auch der Orchestervorstand des RSB Joachim Jeitner fürchtete weiterhin, dass eine Überführungslösung für das RSB scheitern oder das Ensemble zur Fusion gezwungen werden könnte. Die Musiker, so Jeitner Mitte Februar, erwarteten einen konkreten Gründungstermin der GmbH, da erst dann „zukunftsorientierte Arbeit“ möglich sei. Bereits die Debatte um mögliche Fusionspläne würde beiden Orchestern einen „schweren Rufschaden in der Öffentlichkeit zufügen“.[50]

Weingartens Brandbrief tat Mitte Mai die Position des RSO in bekannter Weise kund.

Am 14. Juni 1993 war es schließlich so weit: die ROC gGmbH wurde gegründet.

Die Einigung hatte allerdings ihren Preis. Die Interessensgegensätze der direkt oder indirekt an den Verhandlungen beteiligten Parteien (Gebietskörperschaften, Rundfunkanstalten und die Ensembles) waren nicht eindeutig aufgelöst worden. Stattdessen blieb eine Ambiguität hinsichtlich der Zielsetzung der ROC-Strategie bestehen. Das Ergebnis war ein Gründungskompromiss, der sich in der Ausgestaltung der GmbH-Struktur in vier einzelnen Kompromissen nachvollziehen lässt.

Die Exit-Option

Der erste Kompromiss bestand darin, dass im Gesellschaftervertrag eine Kündigungsfrist eingebaut war. Dem Brandbrief Weingartens war nämlich die Aushandlung eines Kündigungsrechts des Bundes vorausgegangen, dessen genauer Zeitpunkt ein langwieriger Streitpunkt im Gründungsausschuss des nationalen Hörfunks war – nicht zuletzt deswegen, weil der Wegfall der Zahlungen des Bundes in Höhe von 35 Prozent ziemlich genau dem für das RSO veranschlagten Finanzvolumen von 18,5 Millionen DM entsprochen hätte (man ging weiterhin davon aus, dass die GmbH Zuschüsse in Höhe von etwa 53 Millionen DM benötigte). Ein Rückzug des Bundes hätte durch Fusion oder Auflösung eines der beiden Orchester kompensiert werden können. Die Vertreter von ARD und ZDF, Jörg Rüggeberg (SWF) und der spätere langjährige Vorsitzende des ROC-Kuratoriums, Rudi Sölch (ZDF), befürchteten hingegen, dass ein Ausstieg des Bundes möglicherweise durch das Deutschlandradio kompensiert werden müsse. Eine „langfristige Finanzierbarkeit des Deutschlandradio-Anteils aus seinen Gebührenmitteln“[51] könne, so Rüggeberg, dann erst recht nicht sichergestellt werden. Schließlich einigte man sich auf den 31. Dezember 1999 als frühestmögliches Kündigungsdatum für die Gesellschafter –

ein Datum, dass die Geschicke der GmbH nachdrücklich beeinflusste, wie das nächste Kapitel zeigen wird.[52]

Die Eigenständigkeit

Eng verbunden mit der Frage eines möglichen Ausstiegs des Bundes war die von Berlin und dem Bundesinnenministerium geforderte eigenständige Führung des RSO innerhalb der ROC und die vertragliche Verankerung der künstlerischen Eigenständigkeit der Ensembles unter dem Dach der ROC. Dieser Streitpunkt, den man bis in die Woche vor der Vertragsunterzeichnung debattierte, bildete den unmittelbaren Anlass und Hauptgrund für den öffentlichen Protest des RSO. Statt weiterhin an einer separaten Lösung für das RSO festzuhalten, die zuletzt durch die Eingliederung der RSO GmbH in die spätere ROC gGmbH realisiert werden sollte, strebten Berlin und der Bund ab April 1993 eine vertragliche Regelung an, wonach das RSO als eigenständiger Betriebsteil innerhalb des ROC geführt werden sollte, bis gegebenenfalls eine gesonderte Finanzierung im Rahmen des Hauptstadtfinanzierungsvertrages realisiert würde. Wegen der noch unklaren Perspektive für ein langfristiges Engagement des Bundes legten die Vertreter des Finanz- und des Innenministeriums Wert auf die Feststellung, dass eine entsprechende Klausel keine Zusage im Hauptstadtvertrag präjudiziere und zudem die damit ausgesprochene Bestandsgarantie „nicht jedem Klangkörper" zugestanden werden könne.[53]

Die daraus resultierende Sonderstellung des RSO hätte zugleich einen faktischen Schutz beider Orchester vor Fusionen bedeutet. Dies konnten Sölch und Rüggeberg nicht akzeptieren, auch wenn sie die Möglichkeit einer gesonderten Finanzierung des RSO und damit eine finanzielle Entlastung des öffentlich-rechtlichen Rundfunks begrüßten. Insbesondere das ZDF, das die Verantwortung für das RSB und den Rundfunkchor übernommen hatte, war daran interessiert, dies zu verhindern. Im Mittelpunkt der Argumentation Sölchs und Rüggebergs stand jedoch ein anderer Aspekt: Für beide stand fest, „dass langfristig nur ein Klangkörper finanzierbar und sinnvoll erscheint. Fraglich ist nur, in welchem Zeitraum und auf welchem Wege eine Zusammenlegung erfolgen kann."[54] Dies hatte die Forderung zur Folge, die eigene Betriebsführung des RSO irgendwann zu beenden. Bund und Berlin schlugen vor, als spätesten Termin den 30. Juni 1998 anzuvisieren, was letztlich von allen Gesellschaftern akzeptiert wurde. Sölch kommentierte die Sprengkraft dieses Termins mit dem Hinweis, dass er das Potenzial besäße, „die Gesamtregelung der GmbH und damit letztlich die Gesamtveranstaltung des bundesweiten Hörfunks zu gefährden".[55]

Dennoch wich man von der Forderung nach einer befristeten Betriebsfortführung des RSO nicht ab, zumal, so Rüggebergs Einwand, eine Mehrbelastung des Deutschlandradios nur dann tragbar sei, wenn „Synergieeffekte tatsächlich ausgenutzt würden."[56] Damit kam Sölch wiederum zu dem Schluss, dass langfristig und insbesondere, wenn der Bund aus der GmbH aussteigen sollte, tatsächlich „eine Reduzierung der Zahl der Klangkörper ins Auge gefasst werden" müsse.[57] Insgesamt beanspruchten die Vertreter des öffentlich-rechtlichen Rundfunks ein stärkeres Mitspracherecht bei der Strategie der ROC. Immerhin hatten sie mittlerweile gegenüber früheren Verhandlungsständen zugestimmt, den Finanzierungsanteil des Deutschlandradios am Gesamtvolumen der ROC gGmbH zu erhöhen. Gleichwohl warnte der Chef der Berliner Senatskanzlei Volker Kähne, dass der initiale Widerstand der ARD gegen den „Kompromissvorschlag" einer befristeten Betriebsführung „die Realisierung des bundesweiten Hörfunks insgesamt gefährdet".[58]

Das langfristige Ziel der Öffentlich-Rechtlichen fand in dieser Deutlichkeit keinen Einzug in den Gesellschaftsvertrag der ROC gGmbH. Die ursprüngliche Formulierung in dem vom Justiziar des ZDF, Rüggeberg und einem Vertreter der Berliner Senatskanzlei ausgearbeiteten Vertragsentwurf, wonach „*alle* [Hervorhebung von den Autoren] sich aus der gemeinsamen Trägerschaft und Arbeitgeberfunktion der Gesellschaft ergebenden Möglichkeiten der Rationalisierung der Arbeit der Ensembles auszuschöpfen" seien,[59] wurde verworfen, nachdem sie den eingangs geschilderten Protest des RSO nach sich gezogen hatte. Da vor allem ARD und ZDF aber die Möglichkeit einer

Klangkörperfusion nicht aufgeben wollten, lag die Lösung des Problems darin, wie der leitende Musikredakteur des RIAS, Rosengarten, erkannt hatte, die Klausel so „‚gummiartig' wie möglich" zu formulieren. So hieß es in der finalen Fassung des Vertrages, dass der Gesellschaftszweck „bei Wahrung der künstlerischen Eigenart und unter Ausnutzung von Rationalisierungsmöglichkeiten" zu verfolgen sei.[60]

Weder die Öffentlich-Rechtlichen, die die ROC gGmbH, wie im Sträßner-Papier angelegt, langfristig als Vehikel für eine Orchesterfusion nutzen wollten, noch das Land Berlin und der RIAS, die die Garantie der künstlerischen Eigenständigkeit insbesondere des RSO anstrebten, konnten sich also mit ihren Vorstellungen zur ROC-Strategie durchsetzen. Mit dem Enddatum der getrennten Betriebsführung des RSO (vertraglich blieb es beim 30. Juni 1998) und dem eingeräumten Ausstiegsdatum lag somit einerseits seit ihrer Gründung der Schatten einer möglichen Fusion über der ROC. Dass mit einer Fusion oder Auflösung des Klangkörpers kalkuliert wurde, lässt sich beispielsweise an einem Schriftwechsel zwischen dem SFB und der Intendanz des RSO vom September 1994 über den Umbau einer Immobilie des SFB zu einem Probenraum für das RSB ablesen, in dem die Senderverwaltung fest damit rechnete, „dass angesichts der vorläufigen Laufzeit des Vertrages über die Existenz des RSB eine Amortisation in 5 Jahren zu erfolgen hat".[61] Andererseits kauften die Gesellschafter den Ensembles Zeit, um eine langfristige Finanzierung zu finden. So antwortete Weingarten, im November 1993 von der Zeitschrift *International Arts Manager* zur Gründung der ROC befragt: „Die beiden Orchester haben eine Chance zu überleben, bis die Hauptstadt irgendwann um 1998 von Bonn nach Berlin verlegt sein wird."[62]

Die SFB-Klausel

Ein weiteres Kernproblem stellte der Gesellschafteranteil des SFB dar. Zwar wollte der Berliner Sender an einer Lösung mitwirken, erklärte sich aber nicht bereit, einen Gesellschafteranteil von fünf Prozent mitzutragen. Über ihre Stammeinlagen hinaus verpflichteten sich die Gesellschafter – auf der Grundlage eines von ihnen genehmigten Wirtschaftsplans – den Fehlbetrag, also die nicht gedeckte Kosten der GmbH, entsprechend ihren Geschäftsanteilen auszugleichen. Für den SFB bedeutete dies bei einem erwarteten Bedarf von mittlerweile etwa 50 Millionen DM einen Finanzierungsanteil von circa 2,5 Millionen DM bereitzustellen. Diese Summe bedeutete eine Steigerung um eine knappe dreiviertel Million DM gegenüber dem SFB-Beitrag zur RSO GmbH.

Angesichts der Bedenken hinsichtlich einer zu hohen finanziellen Belastung des neuen Deutschlandradios und der haushaltspolitischen Vorbehalte auf Bundesebene wurde mit dem Land Berlin ein kompliziertes Arrangement gefunden. Nach dieser Vereinbarung konnte der SFB seinen Anteil im Wesentlichen durch Orchesterleistungen des RSO beziehungsweise durch verschiedene Dienst- und Sachleistungen begleichen (etwa die Bereitstellung von Proberäumen, Noten oder technischem Gerät). Beides sollte sich an der Höhe bisheriger Produktionsverträge und der Mittel, die der SFB von der Medienanstalt Berlin-Brandenburg (MABB) erhielt, orientieren.[63] Die aus Rundfunkgebühren finanzierte MABB ist in erster Linie für die Medienaufsicht und -zulassung zuständig, hat aber auch die Aufgabe, den Medienstandort Berlin-Brandenburg zu fördern. So konnte Berlin die Finanzierung der ROC über diesen Umweg im „Staatsvertrag über die Zusammenarbeit zwischen Berlin und Brandenburg im Bereich des Rundfunks" verankern.[64]

Darüber hinaus sagte das Land Berlin zu, die Differenz zwischen dem fünfprozentigen Anteil des SFB einerseits und der Summe aus den bisherigen Produktionsentgelten und den Zahlungen der Medienanstalt andererseits aus eigenen Mitteln auszugleichen, falls deren Höhe den Gesellschafteranteil des SFB nicht decken sollte. Dies bedeutete auch, dass der SFB das Budget für die Orchesterdienste, die er für seine Produktionen in Anspruch nahm, nun kostendeckend kalkulieren musste, wodurch sich die Zahl der zur Verfügung stehenden Dienste von 60 auf 35 reduzierte.[65]

Auch dieser Kompromiss erwies sich als folgenreich. Die ersten Jahre der GmbH waren geprägt von Diskussionen über die mangelnde

Zahlungsmoral des SFB, der den anderen Gesellschaftern aufgrund seines ohnehin geringen Anteils als eine Art Trittbrettfahrer erschien. Der SFB wiederum, dessen Interesse an der ROC sich auf sein Stammorchester, das RSO, beschränkte, das in den langen Jahren der Zusammenarbeit zu einer Art Substitut für ein sendereigenes Rundfunkorchester geworden war, zahlte nach dem neuen Vertrag mehr Geld für weniger Leistungen. Der SFB habe sich daher nur „heftig widerstrebend" an der ROC beteiligt, wie sich Wilhelm Matejka, RSO-Kuratoriumsmitglied und ehemaliger Hauptabteilungsleiter Musik des Senders, erinnert.[66]

Bereits bei der Verabschiedung des ersten Haushalts der GmbH für das Jahr 1994 zeigten sich die Probleme deutlich. Noch bevor eine Haushaltssperre verhängt werden musste, weil der Fehlbetrag des SFB wie auch in den beiden Folgejahren nicht gedeckt werden konnte, stellte der Kuratoriumsvorsitzende Rudi Sölch mit Blick auf die Sonderregelung für den SFB fest: „Das sei offensichtlich ein ‚Fehler im System', das Problem könne aber nur in der Gesellschafterversammlung geklärt werden."[67] Als der SFB im November 1995 seinen Beitragsanteil für das Vorjahr immer noch nicht gezahlt hatte, wurde im Kuratorium sogar über rechtliche Schritte gegen den SFB diskutiert. Die unklare Ausgleichsregelung führte dazu, dass Auseinandersetzungen zwischen Berlin und dem SFB einen großen Teil der Zeit des Kuratoriums in Anspruch nahmen und die Haushaltsplanung lähmten.[68]

Wie die Haushaltssperren zeigten, barg die paritätische Zahlungsverpflichtung der Gesellschafter aber noch ein grundsätzlicheres Problem: Kann eine der fünf Parteien einen Wirtschaftsplan aufgrund der eigenen Haushaltslage oder nachlassenden Interesses an der ROC nicht tragen, reduziert sich auch die Beitragspflicht der anderen Parteien auf ihren Anteil an der gekürzten Gesamtsumme entsprechend ihrem Gesellschafteranteil. In der Praxis bedeutete dies beispielsweise, dass das RSO aufgrund der Haushaltssperre im Jahr 1994 über circa drei Prozent der Gesellschafterzuschüsse von rund 50 Millionen DM vier Stellen nicht besetzen konnte, die ihm vom Kuratorium zur

Angleichung an die Stellenzahl des RSB aus Gründen der künstlerischen „Gleichberechtigung" zugesagt worden waren.[69]

Auf diese Weise verschärften finanzielle Kürzungen den internen Wettbewerb zwischen den beiden Orchestern. Durch den notwendigen „Gleichschritt" bei den Gesellschafterzuschüssen war die Finanzplanung der ROC zudem indirekt an die Gebührenperioden der Rundfunkanstalten gekoppelt und in hohem Maße von den Empfehlungen der „Kommission zur Ermittlung des Finanzbedarfs der Rundfunkanstalten" (KEF) abhängig. So kam etwa im Haushaltsjahr 1996 zur zögerlichen Zahlungsmoral des SFB eine Kürzung der Gebührenzuweisung an das Deutschlandradio um sieben Prozent hinzu. In Folge wurde ein drastischer Sparkurs erörtert, der unter anderem die Streichung von 17,5 Stellen bei den beiden Orchestern und Kürzungen im Werbeetat sowie bei den Honoraren für Solisten und Gastdirigenten vorsah.[70] Auch die Ausgliederung der RIAS-Big Band (dem früheren RIAS-Tanzorchester) aus der ROC gGmbH im Jahr 2001 erfolgte unter anderem im Kontext einer solchen „Sparrunde", wie im folgenden Kapitel ersichtlich wird.[71] Im selben Jahr hatte das Land Berlin, das angesichts der doppelten Herausforderung des Wegfalls der Westberliner Subventionen und der Transformation der ostdeutschen Wirtschaft bereits stark belastet war, mit den Folgen des Zusammenbruchs der landeseigenen Bankgesellschaft Berlin zu kämpfen.

Die Doppelintendanz

Ein letzter Kompromiss betraf die künstlerische Gesamtleitung der GmbH, die eng mit einem weiteren technischen Aspekt der GmbH-Gründung verknüpft war. Nachdem die Pläne Berlins für zwei getrennte Gesellschaften ad acta gelegt worden waren, beschlossen die Gesellschafter, für die Gründung der ROC auf die bestehende RSO GmbH zurückzugreifen. Ähnlich wie beim „Schiff des Theseus" wurden durch eine Änderung des Gesellschaftsvertrages praktisch alle Einzelteile der bestehenden GmbH, ihr Zweck, ihre Organisation und ihre Zusammensetzung ausgetauscht, während sie als Rechtssubjekt erhalten blieb.

Neben der Gesellschafterversammlung, die Vertragsänderungen mit Dreiviertelmehrheit beschließen und Wirtschaftspläne mit Zweidrittelmehrheit genehmigen konnte, wurde zur Bestellung und Kontrolle der Geschäftsführung ein regelmäßig tagendes Kuratorium eingerichtet, das sich aus vier Vertretern des Deutschlandradios, drei Vertretern des Bundes, zwei Vertretern des Landes Berlin, einem Vertreter des SFB sowie je einem Vertreter aus den Vorständen der beiden Chöre und der beiden Orchester zusammensetzte. In einem zusätzlich geschlossenen Gesellschaftervertrag wurden diese Änderungen des Grundvertrages sowie die Details der Übertragung der Gesellschafteranteile und der Einbringung der Klangkörper vereinbart.[72]

Die Beibehaltung des Rechtsmantels der RSO GmbH war weniger ein Zugeständnis an Berlin und das RSO als vielmehr einem Pragmatismus geschuldet, der sich auch daraus erklären lässt, dass das Vertragswerk für die ROC noch vor Abschluss der Rundfunkstaatsverträge zur Gründung des Deutschlandradios fertiggestellt werden musste.[73] Da zu diesem Zeitpunkt weder das Berlin/Bonn-Gesetz verabschiedet noch der „Hauptstadtartikel“ im Grundgesetz verankert war, die beide die Unterstützung des Landes Berlin durch den Bund bei der „gesamtstaatlichen Repräsentation“ regelten, bedurfte es im Sommer 1993 einer anderen gesetzlichen Grundlage, damit sich der Bund in der Berliner Kulturförderung engagieren konnte.[74] Deshalb musste die ROC in den sogenannten „Hörfunk-Überleitungsstaatsvertrag“ aufgenommen werden, der bis Ende 1993 vom Bundestag und allen 16 Landesparlamenten ratifiziert wurde, um am 1. Januar 1994 in Kraft treten zu können.[75]

Die Übernahme der juristischen Hülle der RSO GmbH ging zugleich mit einem Kompromiss über die künstlerische Leitung der ROC einher. Zwar besaßen die einzelnen Ensembles ihre individuellen künstlerischen Leitungen. Darüber hinaus sollte aber einer der beiden vom Kuratorium der GmbH berufenen Geschäftsführer als Intendant die „künstlerische Gesamtplanung“ verantworten.[76] Darunter fielen die „Planungen der [...] Klangkörper untereinander und im Verhältnis zu den Rundfunkanstalten mit dem Ziel, im Rahmen des Gesellschaftszwecks und der wirtschaftlichen Möglichkeiten der

Gesellschaft jedem ihrer Orchester und Chöre eine eigenständige künstlerische Entwicklung zu ermöglichen".[77] Trotz der dezidierten Vorgabe des Kuratoriums war das aus diesem Arrangement resultierende unterschwellige Spannungsverhältnis zwischen Intendanz und Ensembles, die Eingriffe in ihre künstlerische Autonomie befürchteten, eine Hypothek für die GmbH. Die Spannungen entluden sich in den Folgejahren in heftigen, öffentlich ausgetragenen Auseinandersetzungen, die im Jahr 2001 in den Rücktrittsdrohungen von Kent Nagano beim DSO und fünf Jahre später von Marek Janowski beim RSB gipfelten.[78]

Ebenso folgenreich für das Betriebsklima der jungen ROC war, dass die Intendanten-Position bis 2001 zunächst von den Intendanten des RSO beziehungsweise DSO, Elmar Weingarten und Dieter Rexroth, besetzt wurde. Diese Personalunion wollte das Land Berlin ursprünglich vertraglich festschreiben, was von den anderen Gesellschaftern aus Gründen der Gleichberechtigung der Ensembles abgelehnt wurde.[79] Die Rechtsabteilung des RIAS wies unmittelbar nach der Vertragsunterzeichnung darauf hin, dass es die „gleichwertige Behandlung" der Ensembles bei der Wahl einer Geschäftsführung zu demonstrieren gelte, „die auch nicht in den Verdacht der Protektion einzelner Betriebsteile kommen darf."[80] Da Weingarten aber als der aussichtsreichste Kandidat für die Intendanz galt, und sein Star-Dirigent Ashkenazy die Zusammenarbeit mit ihm fortsetzen wollte, trat letztlich genau dieser Fall ein.[81]

Im Kleinen spiegelte die ROC-Gründung damit – auch in der Wahrnehmung der Zeitgenossen – gewissermaßen die auf staatsrechtlicher Ebene vollzogene „Beitrittslösung" der deutschen Vereinigung.[82] Zeitdruck und politischer Pragmatismus führten dazu, dass man an bestehenden Strukturen, dem Rechtsmantel der RSO GmbH, aber auch an der sozialen Besitzstandswahrung der Ensembles (in Bezug auf Beschäftigungsbedingungen und Sozialansprüche) festhielt.[83] Der Fortbestand der unterschiedlichen Tarifverträge wurde zu keinem Zeitpunkt der Verhandlungen infrage gestellt, wohl auch deshalb, weil sich alle Parteien der Sprengkraft jedes Versuchs der tariflichen

Vereinheitlichung bewusst waren. Auch in diesem Punkt spielten die Gesellschafter auf Zeit. In das Bild der Beitrittslösung passt auch, dass im Verlauf des gesamten Aushandlungsprozesses von den späteren fünf ROC-Ensembles lediglich der Ostberliner Rundfunkchor substanziell (um ein Viertel) verkleinert wurde.

Der Rückgriff auf die Struktur des RSO ging schließlich auch einher mit der Besetzung der Führungsposition des Intendanten der GmbH. Weingarten selbst war sich dabei der Probleme bewusst, die die Repräsentation ost- und westdeutscher Klangkörper innerhalb der GmbH mit sich brachte. So bezeichnete er die ROC in einem Brief an Gideon Rosengarten im September 1993 als „fragiles Gebilde" mit Experiment-Charakter, bei dem Ost- und West-Ensembles „zusammengespannt" würden. Deshalb setzte er sich erfolgreich dafür ein, dass den beiden Vertretern der Chöre und Orchester im Kuratorium jeweils ein zweites, nicht-stimmberechtigtes Mitglied aus dem jeweils anderen Ensemble zur Seite gestellt werden sollte.[84]

Trotz gesellschaftsrechtlicher Gleichbehandlung verfing jedoch der Eindruck einer Besserstellung des RSO aufgrund von drei Punkten: der Doppelintendanz, der Aussicht des RSO auf eine robustere Bestandsgarantie durch die Finanzierung über den Hauptstadtvertrag sowie der Haltung des SFB, der für seine Produktionen fast ausschließlich das RSO engagierte und immer wieder deutlich machte, nur an diesem Klangkörper interessiert zu sein. Dessen Fürsprecher in Politik und Rundfunk hatten zwar einen besonders starken Einfluss auf die Gründung der GmbH, dieser wurde aber insbesondere durch die Vertreter der ARD und des ZDF in dem skizzierten Gründungskompromiss weitgehend ausgeglichen. Im Gegenzug machten die öffentlich-rechtlichen Rundfunkanstalten weitreichende finanzielle Zugeständnisse, wohl auch, um einen wesentlichen Streitpunkt auf dem langen Weg zur Gründung des Deutschlandradios auszuräumen, wobei sie sich vorbehielten, die finanzielle Belastung gegebenenfalls in der Zukunft durch eine Fusion zu reduzieren. Gegenüber haushaltspolitischen Einwänden anderer Ressorts, des Parlaments oder des Rechnungshofes konnten der Bund und Berlin ihren Finanzierungsanteil damit rechtfertigen, dass jede Mark Steuergeld, die aus dem Kulturetat an die ROC fließe, gewissermaßen vervier- beziehungsweise verfünffacht werde.

Der Preis des Erhalts der Ensembles und damit auch der Sicherung der Arbeitsplätze für ihre Musikerinnen und Musiker sowie des Verwaltungspersonals war dabei eine zum Teil gewollte Unschärfe in der Formulierung der vertraglichen Grundlagen der GmbH und ihrer langfristigen Zielbestimmung. Insbesondere in den ersten Jahren der GmbH prägte die daraus resultierende, latente Unsicherheit die Unternehmenskultur der ROC. In Momenten, in denen der Haushalt eines Gesellschafters unter Konsolidierungsdruck geriet, wurden die in der Umbruchzeit permanent vorhandenen Ängste vor einer Fusion oder Auflösung von Klangkörpern reaktiviert.

Einheit mit beschränkter Haftung

Die Gründung der ROC gGmbH war nicht als Liebesheirat zustande gekommen. Dennoch erwies sich das Bündnis trotz immer wiederkehrender Krisen als erstaunlich resilient, wenngleich sich die im Gründungskompromiss angelegten Reibungspunkte spürbar in der alltäglichen Zusammenarbeit auswirkten. Welche Folgen besaßen also die strukturellen Konflikte um die Finanzierung der ROC? Genauer: In welchem Spannungsverhältnis standen die individuellen Identitäten der fünf beziehungsweise später nur noch vier in der ROC zusammengeschlossenen Ensembles zu einer gemeinsamen Identität unter dem Dach dieser GmbH? Wie entwickelte sich schließlich das Spannungsverhältnis von Krise und Stabilität der ROC angesichts wiederkehrender Fusions- und Ausstiegsszenarien? Und welche Rolle spielte bei diesen Fragen die Spannung zwischen Ost und West?

Geld, Räume und Tarife

Die Frage der Finanzierung der durch die Wiedervereinigung in der Luft hängenden Rundfunkklangkörper in Berlin hatte bereits den Prozess zur Etablierung der ROC gGmbH bestimmt, und diese Frage prägte auch das weitere Schicksal dieser Einrichtung. Im Hörfunk-Überleitungsstaatsvertrag vom 17. Juni 1993 hatten Bund und Länder die Gesellschafteranteile der dort in Artikel 7 bestimmten ROC gGmbH und auch die daraus folgenden finanziellen Verpflichtungen festgelegt: Wie geschildert, war der Bund mit 35 Prozent beteiligt, das Land Berlin und der SFB zusammen mit 25 und das künftige Deutschlandradio mit 40 Prozent, wobei die finanziellen Lasten dem jeweiligen Gesellschafteranteil entsprechend aufgeteilt werden sollten. Die zudem vereinbarte Gesellschafter-Ausstiegsklausel – Stichtag 31. Dezember

1999 – hing wie ein Damoklesschwert über der ROC gGmbH, und die dauernde Sorge, dass dieser dünne Faden zur Jahrtausendwende tatsächlich von einem oder mehreren der Gesellschafter gekappt werden könnte, schlug immer wieder in akute Panik um. Dies galt umso mehr, als namentlich der SFB weiterhin skeptisch auf diese GmbH schaute, bei der es sich Matejka zufolge um eine „typische Westberliner Konstruktion" handelte: „Man haut zusammen, was gar nicht zusammengehört. Berliner Knete, Bundesknete, Rias-Knete, Gebührenknete vom SFB."[1]

Unablässig verglichen die Gesellschafter ihr eigenes Kosten-Nutzen-Verhältnis mit dem der anderen Gesellschafter und taxierten, wie sich der jeweilige finanzielle Einsatz zum Gewicht der eigenen Stimme bei relevanten Entscheidungen verhielt. Die tatsächlichen Machtverhältnisse in der ROC resultierten allerdings aus einer komplizierten Arithmetik zwischen finanziellem Kapitaleinsatz und dem sozialen Kapital der sogenannten „Charlottenburger Hinterzimmer"[2] sowie anderer einflussreicher Akteure in Politik und Medien. So saß wie geschildert das ZDF in Gestalt des langjährigen Kuratoriumsvorsitzenden Rudi Sölch mit am Tisch. Der ZDF-Verwaltungsdirektor und Stellvertreter Stoltes war auf dem Ticket des Deutschlandradio, das von ARD und ZDF getragen wurde, in diese Rolle gelangt, und so war der Mainzer Sender in einer Schlüsselposition vertreten, ohne selbst Gesellschafter zu sein. Entscheidungsprozesse bei der ROC fanden somit in einem komplizierten Mächteparallelogramm statt, bei dem neben den Gesellschaftern auch andere Akteure eine wichtige Rolle spielten.

Die Einschätzungen, wer von diesem System mehr oder weniger profitierte, gingen immer wieder auseinander. So sah der SFB, wie Matejka rückblickend skizziert, sich selbst als benachteiligt an, weil der Sender nunmehr für erhebliche Mehrausgaben an die ROC eine deutlich verringerte Zahl an Orchesterdiensten des mittlerweile zum „Deutschen Symphonie-Orchester" umbenannten DSO als Gegenleistung erhalten habe.[3] Umgekehrt kritisiert Sträßner aus der Perspektive des DLF, dass der SFB die von ihm eingezahlten Gelder seinerzeit exklusiv für das DSO habe verwenden wollen,[4] womit er auf die im vorherigen Kapitel geschilderte Tatsache verweist, dass der SFB laut

Gesellschaftsvertrag seinen Finanzierungsbeitrag durch „Inanspruchnahme kostendeckend zu vergütender Dienste" beziehungsweise „Förderung besonderer künstlerischer Aktivitäten" des DSO sowie durch „Sach- und Dienstleistungen" für die Klangkörper der ROC einbringen konnte.[5]

Dies bedeutete zugleich, dass der SFB Mieten für Probenräume in Rechnung stellte und auf diese Weise am Ende mehr erhielt als er einbezahlt hatte. Zugleich betont auch Sträßner in der Rückschau, dass wie schon erwähnt vor allem das Land Berlin von der Finanzkonstruktion der ROC profitiert habe, da aus jedem von Berlin eingezahlten Euro fünf Euro zugunsten Berliner Klangkörper geworden seien.[6] Damit berührte er einen Zusammenhang, der langfristig für das Funktionieren der ROC immer wichtiger wurde: Keiner der Gesellschafter hätte sich einen einzelnen Klangkörper ohne weiteres leisten können, geschweige denn das gesamte ROC-Ensemble. Aber jeder der Gesellschafter konnte tatsächlich oder zumindest gefühlt alle Klangkörper für sich reklamieren.

Hinter den gegensätzlichen Einschätzungen der Kosten-Nutzen-Bilanz, die sich bis in die gegenwärtigen Erzählungen der früheren Akteure hinein tradiert haben, stehen strukturelle Interessensunterschiede, die in der Frühzeit der ROC vor allem zwischen dem SFB und dem Deutschlandradio existierten. Das hatte nicht nur damit zu tun, dass sich die einen vor allem dem DSO und die anderen dem RSB verpflichtet fühlten. Matejka versetzte sich eingedenk der jeweiligen Gesellschafteranteile in die damalige Situation zurück: Der „SFB ist in der ROC nur wegen des DSO. Wir sind die Schutzmacht, das Schutzmächtchen des DSO. Dann gibt es den Tanker Deutschlandradio, das ist die Schutzmacht des RSB."[7]

Auch das geschilderte, im Gründungskompromiss angelegte paritätische Verhältnis zeigte deutliche Wirkungen: Das Deutschlandradio, das bei den Einnahmen an den Rundfunkgebühren gegenüber dem SFB stark im Vorteil war, konnte die anderen Gesellschafter dazu zwingen, finanzielle Beträge entsprechend ihrem Gesellschafteranteil zu leisten: Wenn das Deutschlandradio, so sein Gründungsintendant

Ernst Elitz, gemäß seinem Anteil vierzig Prozent hinlege, „dann müssen die anderen gemäß ihrem Anteil an der ROC auch eine entsprechende Summe in die ROC geben. [...] Insoweit ist das Deutschlandradio der Taktgeber. Das Deutschlandradio gibt die absolute Zahl rein und daraus ergibt sich dann der Rest."[8]

Gelegentlich aufflackernde Ausstiegsszenarien einzelner Gesellschafter, die vor allem den Bund betrafen, führten immer wieder zu Krisen, zumal sie in der Regel von Ausstiegs- oder Fusionsplänen einzelner Klangkörper der ROC begleitet wurden. So machte der hervorragend vernetzte Kulturjournalist Ingolf Kern am 14. September 1996 in der *Welt* Überlegungen des Bundesfinanzministeriums publik, wonach sich der Bund nach dem Ablauf des Haushaltsjahrs 1999 aus der Finanzierung der ROC zurückziehen sollte.[9] Besonders brisant wurde die Situation, als mit dem Ende des Jahrzehnts das Ende der finanziellen Verpflichtungsdauer der vier Gesellschafter tatsächlich nahte.

Nachdem die Kulturförderung neu geordnet worden war – die 1998 an die Macht gelangte rot-grüne Bundesregierung hatte einen Beauftragten der Bundesregierung für Kultur und Medien eingesetzt –, spitzte sich die Situation dramatisch zu: Kulturstaatsminister Julian Nida-Rümelin wollte die ihm auferlegten Sparzwänge unter anderem durch den Ausstieg des Bundes aus der ROC gGmbH erfüllen, worauf Elitz mit der Erwiderung parierte, in der Öffentlichkeit offensiv dagegenzuhalten. Abgeordnete aus dem Kulturausschuss des Bundestags, so erinnert sich der Intendant, die von der Ausstiegsintention ebenfalls nicht begeistert gewesen seien, hätten ihm geraten, mit der Vorsitzenden des Haushaltsausschusses Kontakt aufzunehmen.[10] Dass der Exit des Bundes aus der ROC-Finanzierung schließlich ausblieb, beweist natürlich noch längst keinen Erfolg der Medienmacht in dieser Sache. Aber der Vorgang ist symptomatisch: Ob es um Kürzungen, Streichungen oder Fusionen ging – immer wieder nahm man von solchen Plänen Abstand, weil der befürchtete publizistische Schaden als schwerwiegender betrachtet wurde als die finanziellen Sachargumente.

Vor dem drohenden Ausstieg des Bundes angesichts der auslaufenden Bindungsfrist des Hörfunk-Überleitungsstaatsvertrags erlöste die ROC schließlich die Neuregelung der Kulturförderung des Bundes für die Bundeshauptstadt Berlin. Gleichzeitig wurde im Bundestag heftige Kritik laut, weil die in den 1990er-Jahren gewährten Bundesmittel zur Kulturförderung durch das Land Berlin teilweise zweckentfremdet worden waren. Seit 2001 wurde der Bundesanteil für die ROC gGmbH nicht etwa im Rahmen hauptstadtbezogener Aufgaben, sondern als Teil des Programms „Kultur in den neuen Bundesländern" geleistet.[11] Darin lag eine gewisse Ironie: Nunmehr wurden auch die Klangkörper des Westberliner RIAS aus einem Programm unterstützt, dass die durch die deutsche Vereinigung schwer gebeutelte ostdeutsche Kulturlandschaft fördern sollte.

Finanzielle Verteilungskonflikte existierten aber auch innerhalb der ROC. In seiner Funktion als Doppelintendant schrieb Weingarten am 25. September 1994 an den Kuratoriumsvorsitzenden Sölch: „Ich befürchte in der Tat, dass die GmbH, wenn sie von innen und außen weiterhin finanziell ausgehöhlt wird, sich nicht erfolgreich entwickeln kann. Sie ist knapp kalkuliert, wird sparsam geführt und kann nicht als Außenbordmotor für leckgeschlagene Schiffe und Schiffchen verwendet werden, die aus eigener Kraft nicht so recht vorankommen."[12]

Das Bild des seeuntüchtigen Kahns, so darf man annehmen, beschrieb vor allem das zweite Orchester im Geleitzug der ROC, das RSB. Der in die Struktur der ROC gGmbH eingeschriebene Konflikt zwischen ostdeutschen und westdeutschen Klangkörpern betraf vor allem die beiden Orchester und weniger die beiden Chöre, die wie erwähnt schon vor der Gründung einen kooperativen Umgang miteinander entwickelt hatten. Letzteren kam zugute, dass sie qualitativ unangefochten und programmatisch deutlich voneinander unterschieden waren. Und nicht zuletzt gelang es vor allem dem RIAS Kammerchor im Lauf der Zeit, auch auf der Einnahmenseite zu glänzen, was ihn weitgehend unangreifbar machte.[13]

Die GmbH-Struktur der ROC brachte es mit sich, dass alle Klangkörper dazu verpflichtet waren, eigene Einnahmen zu generieren, die erheblichen Defizite mussten entsprechend ihren Anteilen von den Gesellschaftern getragen werden. Wirtschaftsberichte aus den frühen

Jahren der ROC, in denen aus den Ritzen der formelhaft sachlichen Sprache gelegentlich nackte Panik durchdringt, zeigen die außerordentlich schwierige finanzielle Gesamtsituation und den geringen Anteil der Eigenerlöse der Klangkörper, der etwa 1996 nur bei rund zehn Prozent lag. Dem politischen Druck auf die Ensembles, sich am Markt zu bewähren, stand dabei unter anderem die notwendige Kürzung von Werbeausgaben entgegen, und so gingen beispielsweise aufgrund fehlender Plakatwerbung die Konzerterlöse noch weiter zurück.[14] Die Marktorientierung, welche die Finanzierung aus Rundfunkgebühren wenigstens zum Teil ablösen sollte, blieb damit sehr beschränkt und gelang den Klangkörpern der ROC überdies in sehr unterschiedlichem Maße. Besonders desinteressiert an der Einnahmenseite zeigte sich die RIAS-Big Band.[15] Die Eigenfinanzierung hing vor allem davon ab, inwieweit es den Ensembles gelang, Einnahmen nicht mehr allein aus Verpflichtungen für Radiosender, sondern aus Konzerten und Tourneen zu erzielen, was im generellen Entwicklungstrend lag.

Allerdings besaß vor allem das DSO einen Startvorteil gegenüber dem RSB: Es konnte auf eine jahrzehntelange Erfahrung mit der Organisationsform der GmbH zurückgreifen und hatte zumindest ansatzweise bereits vor der Wiedervereinigung – damals noch unter der Bezeichnung RSO – gelernt, sich unter Marktbedingungen zu behaupten.[16] Zudem besaß das DSO das zahlungskräftigere Publikum und mehr internationale Kontakte als das RSB. Auch trat es vor allem in der Philharmonie auf, während das RSB zwar gelegentlich gleichfalls dort gastierte, aber Schwierigkeiten hatte, seinem Stammpublikum aus dem Osten die Schwellenangst vor dem Scharoun-Bau zu nehmen. So spielte das RSB vor allem im deutlich kleineren Konzerthaus im Schauspielhaus am Gendarmenmarkt, wo zudem nur geringere Eintrittspreise möglich waren, sodass es dort insgesamt vergleichsweise nur etwa die Hälfte der Einnahmen erzielte.[17] Dem Rundfunkchor gelang es dagegen trotz seiner Ostberliner Wurzeln weit besser als dem RSB, Anschluss an den westlichen Markt zu finden. Dazu trug neben erheblichen eigenen Anstrengungen und der beschriebenen geschickten Politik ihres Chordirektors Rehberg vor allem bei, dass es national und international ein gesuchter Partner für Symphonieorchester war und insbesondere mit den Berliner Philharmonikern eine enge Zusammenarbeit pflegte.[18] Erst in den 2000er-Jahren, als das RSB unter seinem Dirigenten Marek Janowski auch künstlerisch mit dem DSO gleichziehen konnte, glichen sich die beiden Orchester in der ROC allmählich finanziell und personell an, ohne dass die Konflikte damit endgültig gelöst worden wären.

Vor dem Hintergrund dieser Entwicklung hatte sich seit der Gründung der ROC ein anhaltender Konflikt zwischen den beiden Orchestern entwickelt, bei dem die Rollen klar verteilt waren: Das RSB fühlte sich permanent bei der Zuteilung knapper Ressourcen gegenüber seinem Westberliner Konkurrenten benachteiligt.[19] Umgekehrt betrachtete das DSO sein Ostberliner Pendant immer wieder mit einer gewissen Geringschätzung als Kostgänger, den es gezwungenermaßen auf eigene Rechnung durchfüttern musste. Solche Einstellungen wurzelten auch in einer in Westberlin noch lange Zeit nach 1990 nachwirkenden Frontstadt- und Sieger-Mentalität.[20]

Die komplexe finanzielle Situation verkomplizierte sich zusätzlich dadurch, dass erst in der Ära der Intendantin Bettina Pesch (2001–2006) Einzelpläne für die verschiedenen Klangkörper eingeführt wurden, sodass diese nun selbstständig mit individuellen Budgets operieren konnten.[21] Damit war zumindest ein Anfang auf dem Weg in die größere Selbstständigkeit der Ensembles gemacht.[22] In die Ära Pesch fiel aber auch die Ausgliederung der RIAS-Big Band, womit diese 2001 angesichts der damaligen schwierigen finanziellen Gesamtsituation der ROC der Rettung des Haushalts zum Opfer fiel. Dass es trotz des sofort einsetzenden starken öffentlichen Drucks zu diesem harten Schritt gekommen war, wäre jedoch nicht möglich gewesen, wenn die RIAS-Big Band nicht selbst erheblich dazu beigetragen hätte, ihr Standing in der ROC zu unterminieren, zumal das Publikumsinteresse an Big-Band-Jazz in den 1990er-Jahren immer mehr zurückgegangen war. Viele Musiker der Band hatten sich mittlerweile vor allem lukrativen auswärtigen Engagements zugewandt und dabei die Pflichten gegenüber ihrem eigenen Ensemble vernachlässigt, das auch als Ganzes nicht bereit war, sich den strategischen Zwängen zu unterwerfen, welche die ROC den anderen Klangkörpern zumutete. Dies untergrub die Bereitschaft, die in der ROC als disziplin- und ziellos wahrgenommene RIAS-Big Band zu erhalten: „Die hatten sich quasi schon selber aufgelöst."[23]

Die Verteilungskämpfe in der ROC, die für längere Zeit vor allem die beiden Orchester betrafen, wurden damals wie in der Rückschau der Zeitzeugen oftmals als Teil eines West-Ost-Konflikts gedeutet. Zu den konkreten Konfliktfeldern gehörte neben den Finanzen, an denen nicht zuletzt der jeweilige Umfang der Stellen für Musiker und Verwaltung hing, auch die Frage der Probenräume und Konzertsäle, wobei insbesondere die Probenraumsituation für alle ROC-Ensembles kompliziert und teilweise chaotisch war.[24]

In der ersten Euphorie nach dem Mauerfall hatte RSO-Intendant Weingarten dem RSB die Rückkehr aus dem Funkhaus in der Nalepastraße in den großen SFB-Sendesaal im Haus des Rundfunks an der Masurenallee angeboten, wo das RSB bis 1952 sein Stammquartier gehabt hatte, bis es im Zuge der Eskalation des Kalten Krieges in die Nalepastraße umziehen musste. Während das RSB aus Treptow-Köpenick nach Charlottenburg umzog, musste das damals noch als RSO firmierende DSO seine Probenarbeit künftig in eine zu einem Probensaal umgebaute ehemalige Tischlerei verlegen, die sich gleichfalls auf dem Rundfunkgelände an der Masurenallee befand. Die Musikerinnen und Musiker des DSO waren jedoch über den Umzug in den akustisch weit schlechteren Ferenc-Fricsay-Saal, wie er später getauft wurde, sehr unglücklich.[25] Die räumliche Nähe der beiden Orchester beim Probenbetrieb im späteren RBB-Gebäude ließ auch die Ost-West-Spannungen hervortreten. So kam es vor, dass die einen ein Hakenkreuz auf die Spinde der Kollegen malten, die anderen dagegen Sprüche in der Art von „Wie schade, dass die Mauer gefallen ist."[26]

Ähnlich schwierig erwies sich die Situation im Bereich der Konzertsäle. Zwei große Konzerthäuser – die Philharmonie im Westen, bei der ohnehin stets die Berliner Philharmoniker an erster Stelle standen, und das Konzerthaus im Osten der Stadt – waren für die vielfältigen

Ansprüche der Berliner Orchester knapp bemessen. Im Gefolge des Berliner Baubooms nach der Wiedervereinigung der Stadt wurden deshalb mehrfach Pläne diskutiert, ein neues, gemeinsames Konzerthaus für alle Klangkörper der ROC zu bauen, was auch im Sinne einer gemeinsamen Markenidentität ein starkes Signal setzen sollte. Um die Jahrtausendwende waren diese Pläne relativ konkret geworden, doch kam die erforderliche riesige Investition, die nur mithilfe gelegentlich dubioser privater Investoren möglich gewesen wäre, schließlich nicht zustande.[27]

Zu den kompliziertesten und im Hinblick auf die Ost-West-Gegensätze am stärksten aufgeladenen Fragen gehörten die Tarife der Musiker, und die ROC benötigte Jahrzehnte, um dies zu lösen. Das hatte zunächst damit zu tun, dass die Gehälter in Ost- und Westorchestern extrem weit auseinanderlagen und zudem die Einkommen in Westorchestern erheblich weiter gespreizt waren als in Ostorchestern.[28] Zwar war bereits zum 1. August 1992, also noch vor der Gründung der ROC, eine Tarifangleichung für den RSB nach dem Tarif des Südwestfunks (SWF) und für den Rundfunkchor an den Tarif des Bayerischen Rundfunks (BR) – jeweils mit verringerten Dienstaltersstufen – erfolgt.[29] Dennoch herrschte in der ROC ein ausgewachsener Tarifwirrwarr mit zum Teil deutlichen Vorteilen und Benachteiligungen, die selbst für Kenner des Tarifrechts schwer durchdringbar sind, während sich ihre Auswirkungen für die Betroffenen sehr unmittelbar erschlossen.

So konkurrierten Tarife des SWR und des RIAS und schließlich eine eigene Tarifregelung für das DSO, die auf den Verträgen der früheren RSO GmbH basierte, wobei zudem unterschiedliche Einstufungen und die stark variierende Anzahl von Dienstaltersstufen in den einzelnen Tarifen das Bild weiter verkomplizierten. Das Gehaltsniveau unterschied sich insbesondere beim DSO und RSB zum Teil erheblich: Im „Extremfall“ verdiente 1996 ein „Berufsanfänger ohne Kinder im DSO 351 DM pro Monat mehr“ als im RSB. Für DSO-Verträge galt auch im Gegensatz zu den anderen Verträgen eine Tariferhöhungsautomatik, weshalb sich die Einkommensschere immer weiter öffnete. Zudem wurden Choristen generell niedriger eingestuft als Orchestermusiker, während die Musiker der RIAS-Big Band eine besonders hohe Einstufung genossen.[30]

Im Umgang mit Tariffragen herrschte grundsätzlich eine komplizierte Interessenlage: Die einen beklagten Diskriminierung, die anderen pochten auf ihre bisherigen Privilegien, und schließlich blockierten gelegentlich strategische Interessen der Gesellschafter eine Tarifangleichung, da künftige Veränderungen der ROC-Konstruktion offen gehalten werden sollten.[31] Letztlich ermöglichte die ROC gGmbH den Gesellschaftern ein Outsourcing von Arbeitsverträgen, das ihnen erlaubte, die Kosten niedriger zu halten als wenn sie die Klangkörper in eigene Verantwortung übernommen hätten, da sie nicht verpflichtet und oftmals auch nicht geneigt waren, Tarifverbesserungen in ihrem eigenen Zuständigkeitsbereich auf die ROC zu übertragen.

Tariffragen besitzen stets eine materielle und eine symbolische Dimension, und so gehörte dieser Konflikt zu den Dauerbrennern in der ROC, gerade weil er auch eine starke Ost-West-Komponente besaß. Noch 2010 kam es zu einem Skandal, als der damalige Chefdirigent des DSO Ingo Metzmacher unter dem Druck seines Ensembles die von der ROC geplante Gleichstellung mit dem RSB hinsichtlich des Planstellenniveaus, vor allem aber des Gehaltsniveaus ultimativ ablehnte.[32] Die Wettbewerbssituation, welcher die ROC-Klangkörper ausgesetzt waren, setzte die Ensembles also in ein Konkurrenzverhältnis, das teils von Kooperation, teils, wie diese Geschichte zeigt, auch von Missgunst geprägt war. Wie entwickelte sich in diesem Zusammenhang die Identität der einzelnen Ensembles? Und welche Rolle spielten demgegenüber Versuche, eine gemeinsame Identität der ROC herzustellen?

Identitäten zwischen Seele und Verwaltungseinheit

Die ROC gGmbH versammelte nicht nur eine bunte Mischung von Klangkörpern, sondern auch von Teilhabern, und in beiden Gruppen hatte sich manch einer bei der Gründung äußerlich wie innerlich eine Opt-out-Option vorbehalten. Eine grundsätzliche Spannung zwischen jeweils eigenen Interessen beziehungsweise den an sie geknüpften

Identitäten und einer zunächst nur schwach ausgeprägten Identität der ROC als Ganzes spiegelte diesen Teil der Gründungsgeschichte wider. Dies schlug sich auch in den Strukturen nieder: Bis zum heutigen Tag besitzt das DSO einen eigenen Betriebsrat, während die übrigen Ensembles sowie die Verwaltung der ROC durch einen gemeinsamen Betriebsrat vertreten werden.

Eine andere strittige Strukturfrage betraf in den Anfangsjahren der ROC die geschilderte Doppelintendanz: Diese bei der Gründung vom DSO-Intendanten Weingarten wahrgenommene Doppelrolle sorgte für stetige Spannungen, denn vor allem das RSB sah sich dadurch grundsätzlich benachteiligt. Auch Weingartens Nachfolger Dieter Rexroth übernahm die doppelte Intendanz von DSO und ROC (1996–2001), und erst 2001, als Bettina Pesch diese Funktion übernahm, brach die ROC mit dieser Tradition, auch wenn DSO-Intendant Rexroth als einziger sogenannter „Gesamtdramaturg" der ROC einige künstlerische Aufgabenbereiche der Gesamtintendanz fortführte.

Diese organisationssoziologisch anspruchsvolle Konstellation brachte schnell zum Vorschein, dass ein grundlegender struktureller Konflikt noch längst nicht gelöst war: Wie sollte das Verhältnis von administrativer und künstlerischer Leitung der ROC gestaltet werden? Pesch sollte und wollte die Intendanz ausdrücklich im Sinne einer gemeinsamen Geschäftsführung ausüben und die künstlerischen Entscheidungen den einzelnen Ensembles überlassen. In einem Gestrüpp aus unklaren Kompetenzen, widerstreitenden Interessen und persönlichen Befindlichkeiten, in das zugleich der Charlottenburger Stallgeruch hineinwehte, verstolperten die Beteiligten diesen Reformanlauf, sodass das Problem auch weiterhin immer wieder aufflammte.

Peschs Vorgänger, Weingarten und Rexroth, hatten ihre Doppelfunktion dagegen sehr aktiv im Sinne einer programmatischen Entwicklung insbesondere des DSO genutzt, was vor allem hieß, sich um die Besetzung der Chefdirigentenrolle und die daran anschließende enge Begleitung des „Maestros" zu kümmern. Während Weingartens Intendanz durch ein symbiotisch anmutendes Verhältnis mit Ashkenazy geprägt war, setzte Rexroth 2000 als neuen Chefdirigenten den nicht weniger auf seine künstlerische Entscheidungsgewalt bedachten Kent Nagano durch. Damit versuchte er dem DSO eine aussichtsreiche Position in der starken Konkurrenz mit Sir Simon Rattle (Philharmonie) und Daniel Barenboim (Staatskapelle) zu verschaffen.[33]

Dirigenten spielten eine zentrale Rolle für die musikalische Identität der ROC-Orchester. Ebenso wichtig waren sie aber auch für die Identifikation der Musiker mit ihrem Ensemble, und so galt etwa Ashkenazy beim DSO als Schutzheiliger vor möglichen Fusionsplänen.[34] Die Umorientierung vom Radio- zum Konzertorchester und die damit verbundene erhöhte öffentliche Sichtbarkeit brachte es allerdings mit sich, dass in der Konkurrenz zwischen den Berliner Orchestern neben den musikalischen Leistungen nicht nur das Charisma, sondern mitunter auch die Haartracht ihres Maestros bedeutsam wurde, da zunehmend nicht nur die Performance am Dirigentenpult, sondern auch das äußere Erscheinungsbild zu marktrelevanten Faktoren wurde. So erinnert sich Rexroth mit gebotener ironischer Distanz, dass ihm Nagano „außerordentlich attraktiv“ erschienen sei, „auch zugegebenermaßen aufgrund seines äußeren Habitus. Ja, mit den langen Haaren hatte er so was Indianermäßiges“,[35] und auch Matejka erinnert an das Plakat mit dem „wunderbaren schwarzen Haarschopf“.[36]

Aus diesen retrospektiven Beobachtungen spricht die Wahrnehmung einer Überlagerung von Klangästhetik durch Körperästhetik, die vor allem beim Versuch, neue und jüngere Zielgruppen zu erschließen, zählte. Eine letztlich nicht veröffentlichte Werbekampagne spielte schon auch mal den Gedanken durch, Kent Nagano auf einem Werbeplakat nur in Haartracht, aber ohne Kleidung zu präsentieren.[37] Zugleich deutet dies auf einen grundlegenden Wandlungsprozess in der Rolle des Dirigenten vom „Maestro“ zum „Medienstar“: Bewies die Bewunderung des ersten noch eine gewisse musikalische Kennerschaft und funktionierte damit auch als bildungsbürgerliches Distinktionskriterium, hob der Dirigent als Medienstar diese Exklusivität auf und verwandelte den Künstler in eine allgemein verfügbare Projektionsfläche.

Das RSB blieb auch in dieser Hinsicht zunächst etwas hinter dem Konkurrenten zurück. Doch konnte es von 2002 bis 2015 zwar kein verwegenes Postermotiv, aber mit Marek Janowski immerhin einen international sehr renommierten Dirigenten gewinnen. Dieser schaffte es, das RSB qualitativ und auch in der Kritikergunst aus der Flaute der 1990er-Jahre und zugleich aus dem Windschatten des DSO herauszuführen, auch wenn man ihn gelegentlich mehr mit präzisem Handwerk als mit genialischer Inszenierung verband, wobei derartige ästhetische Urteile naturgemäß umstritten sind.[38] Bei all dem darf man nicht vergessen, dass die Rangfolge der Berliner Orchester in Öffentlichkeit und Politik ohnehin nicht allein nach musikästhetischen Maßstäben entschieden wird. Sie unterliegt einerseits der Funktionsweise des Starsystems,[39] andererseits spielen eingefahrene politische Wahrnehmungen in dieses Ranking hinein.[40]

Die Identität musikalischer Ensembles wird zudem oftmals mit einem eigenen Klang verbunden. Ihren Höhepunkt fanden solche musikästhetischen Zuschreibungen mit der Politisierung des „Deutschen Klangs" und des „Wiener Klangstils" im Dritten Reich, zu deren Flaggschiffen die Berliner und Wiener Philharmoniker wurden.[41] Nach 1990 tauchten dagegen Beschreibungen auf, die einen ästhetischen Gegensatz von Ostberliner und Westberliner Klang andeuten. So pries Chordirektor Rehberg die „Seele" des von ihm geleiteten Rundfunkchors[42] und Pesch schwärmte ähnlich vom RSB. Beide bringen dies zudem mit der Sozialkultur der beiden östlichen Ensembles in Zusammenhang, nämlich einer aus der DDR in die Bundesrepublik hinübergewachsenen besonderen Bedeutung des kollektiven Zusammenhalts der Ensemblemitglieder, der aus der beruflichen in die private Sphäre hinein und wieder zurück reiche. „Die Musiker des RSB hatten untereinander einen großen Zusammenhalt und persönlichen Austausch, also eine spürbare Homogenität, und daraus resultierend habe ich einen sehr warmherzigen Klang gespürt", erinnert sich Pesch noch Jahre später und berichtet gleichzeitig darüber, wie das RSB-Orchester bei einer Lateinamerika-Tournee in eine kollektive Urlaubsstimmung zu kippen drohte, während der in Warschau geborene und in Wuppertal aufgewachsene Chefdirigent Janowski um die Aufrechterhaltung der Disziplin kämpfte, „was aber", wie Pesch ergänzt, „sofort gelang, da die Musikerinnen und Musiker des RSB ihre Konzerte liebten".[43]

Für die westlichen Ensembles der ROC kommen dagegen andere Bilder zum Einsatz, um deren Identität und Klangspezifik zu beschreiben. So betont etwa Weingarten rückblickend vor allem die Internationalität des DSO, aber auch anderer westdeutscher Orchester, welche herkömmliche Vorstellungen von deutschem oder französischem Klang obsolet gemacht habe.[44] „Internationalität" steht dabei zugleich für jene Tradition des westlichen Kosmopolitismus, die in der alten Bundesrepublik zu einer Signatur der Überwindung des Nationalsozialismus in der Kultur und der Verbundenheit mit der westlichen Moderne geworden war.[45] Rexroth wiederum verweist rückblickend auf eine Japan-Tournee des DSO zusammen mit dem künftigen US-amerikanischen Chefdirigenten Nagano, in deren Vorfeld das Orchester zahlreiche Bedenken anmeldete, da sich viele Ensemblemitglieder von der geplanten Reise unangenehm gefordert fühlten. Die Zusatzbelastung, so die Begründung, würde viele Aushilfen erforderlich machen, wodurch die Identität des Orchesters nicht erhalten bliebe, denn „unser Klang, ja wo bleibt er dann?", zitiert Rexroth die Einwände. Er habe diese Tournee dann mit zahlreichen, auch japanischen Aushilfen trotzdem unternommen, und dabei sei eine großartige Einspielung von Gustav Mahlers Symphonie Nr. 3 entstanden. „Und ich habe dann den Musikern immer gesagt, na und, was ist mit eurer Identität? [...] Hört ihr sie?", erklärt Rexroth als Hinweis darauf, wie problematisch Kategorien wie Klang und Identität bei der Beschreibung von Orchestern sind.[46] Aber auch Pesch weist im Rückblick auf die große Bedeutung von Aushilfen hin, welche die Homogenität von Ensembles und damit zugleich auch Ost-West-Gegensätze kontinuierlich unterlaufen habe.[47]

Zumindest auf individueller Ebene überwanden die Ensembles daher den Ost-West-Gegensatz viel schneller als dies bei dem jeweiligen Publikum der Fall war, nicht zuletzt, weil die personelle Erneuerung innerhalb von Klangkörpern und Publikum in unterschiedlichem Tempo abläuft. Während es den Chören schneller gelang, ein gemischtes und vor allem auch internationales Publikum zu erreichen, blieb der Publikumsstamm des RSB und des DSO weitaus länger zumindest gefühlt deutlich nach West und Ost unterscheidbar.[48] „Damals, in den 1990er-Jahren, war das noch sehr stark spürbar. Du hast es regelrecht gerochen", erinnerte sich Rexroth: „Wenn du ins Konzerthaus gegangen bist, hast du einen Parfümgeruch wahrgenommen, der mit der DDR zusammenhing. Die Leute speichern das, ich glaube, die haben das bis heute noch gespeichert, was damals in der DDR-Zeit produziert worden ist."[49]

Zu den Ursachen der sehr lange andauernden Ost-West-Trennung des Publikums gehörte insbesondere beim RSB der langjährige, umfangreiche Abonnentenstamm, der ihm ein treues, aber zugleich altersbedingt stetig schrumpfendes Publikum verschaffte – die Wiener Kultur, Orchesterabonnements zu vererben, hatte es nicht bis nach Ostberlin geschafft. Sowohl RSB als auch DSO waren aber davon betroffen, dass West- wie Ostberliner nur sehr ungern Veranstaltungen in der jeweils anderen Stadthälfte besuchten – die Mauer lebte und lebt in der Berliner Kulturlandschaft immer noch als „Phantomgrenze"[50] fort. Zugleich wirken hier ältere sozialräumliche Trennungslinien Berlins unsichtbar, aber gleichwohl wirksam im Alltagsleben fort, da diese Stadt in ihrer heutigen Gestalt vor allem ein Ergebnis der Erweiterung Alt-Berlins zu Groß-Berlin im Jahr 1920 ist.

Selbst- und Fremdbeschreibungen von Klangkörpern als homogene Wesen mit einer eigenen, durch einen spezifischen Klang ausgestatten Identität standen somit einer ungesteuerten individuellen Praxis von Aushilfsengagements gegenüber, die sich wenig um solche Kategorien scherte. Die RIAS-Big Band hatte diese Praxis überzogen: Die Musiker ließen sich oftmals selbst vertreten, um stattdessen besser bezahlte private Engagements wahrnehmen zu können.[51] Damit wurden sie gewissermaßen von Musikern zu Muckern, wobei Letztere symbolisch für die Verleugnung einer musikalischen Individualität und Identität zugunsten des austauschbaren kommerziellen Engagements stehen. Insgesamt blieben Aushilfsengagements in anderen Ensembles der ROC eine übliche individuelle Praxis. Gleichzeitig opponierten die Klangkörper aber gegenüber Versuchen der ROC-Geschäftsführung, Vertretungen und Aushilfen unter ihren eigenen Ensembles zu organisieren und damit personelle Engpässe zu überbrücken: Solche Vorstöße nährten unweigerlich Fusionsängste.[52] Somit hingen bei der von den Klangkörpern hochgehaltenen eigenen Identität Seele und Selbsterhalt eng zusammen.

Aus demselben Grund waren auch Versuche, die Klangkörper der ROC gemeinsam auf die Bühne zu bringen, und damit zugleich die Identität dieser GmbH auch nach außen hin deutlicher hervortreten zu lassen, unbeliebt bei den Ensembles. So erklärte Rexroth aus der Perspektive des ehemaligen ROC-Intendanten, dass solche gemeinsamen Auftritte – wie etwa zum zehnjährigen Jubiläum der ROC – zwar ein „Gemeinschaftsgefühl"[53] herstellen sollten, in der Praxis aber eher den gegenteiligen Eindruck hinterließen.

Für die Klangkörper ging und geht es daher in erster Linie um die eigene Individualität und Identität, weniger um die Entwicklung einer gemeinsamen ROC-Identität. Nach der Situation gefragt, die sie 2001 vorfand, erklärte Pesch: „Die ROC ist nur der Mantel aller vier Klangkörper. Der Marktwert bestimmt sich durch das Produkt, eingeladen wurde der Klangkörper, nicht die ROC. Letztere ist eigentlich eine Holding. Beiersdorf ist auch eine Holding, den Kunden interessiert aber nur die Nivea Creme für Tag und Nacht." Die vom Niederrhein stammende Juristin versuchte unter anderem durch ein aufwendig erstelltes Relaunch des Logos eine gemeinsame Corporate Identity der ROC zu schaffen.[54] Die Erwartung, dass damit die Identität der ROC und die Identifikation der Ensembles mit ihrer „Holding" gestärkt würde, stieß allerding nur auf wenig Gegenliebe – stattdessen setzte sich eher eine Auffassung der ROC als „übergeordnete Verwaltungseinheit"[55] durch. Die Beschreibung der ROC als bürokratische Organisation, die sich um die Finanzen kümmere und der im Gegensatz zu den Klangkörpern eine eigene künstlerischen Identität oder gar „Seele" fehle, führt zurück zur Grundfrage der ROC, die sie von Anfang an begleitete: Wie stabil konnte dieses Gebilde sein, das scheinbar allen Gesetzen der politischen, administrativen und ästhetischen Schwerkraft trotzte?

Der gescheiterte ROCxit

Dass sich Provisorien in äußerst langlebige Organisationen und Institutionen verwandeln, ist nicht ungewöhnlich, aber gleichwohl erklärungsbedürftig. Dies gilt auch für die ROC, die bei ihrer Gründung noch als Interimslösung bis Sylvester 1999 ausgerufen und von Exit-Ankündigungen begleitet worden war. Nicht von ungefähr herrschte in der Frühzeit der ROC zeitweise eine Atmosphäre, die der panischen Erwartung des Y2K-Bug ähnelte, der von vielen befürchtet am Ende des Millenniums einen globalen Totalabsturz aller Computersysteme auslösen würde. Matejka, über viele Jahre Kuratoriumsmitglied auch der ROC, konstatiert rückblickend gar: „Also das heißt, die ROC war immer, wegen der eingeschriebenen Instabilität, Brutstätte von Ideen, Schnapsideen, geheime Kommandoaktionen, immer. Das ist wie in großen Organisationen auch."

Dabei erinnert ihn die Stimmung im Kuratorium in den 1990er-Jahren an die späte Habsburger Monarchie: „Da haben auch alle gewusst, so geht es nicht weiter. Zweitens haben alle gewusst, es gibt niemanden, der etwas ändern kann. Und drittens, wenn doch jemand versucht hat, etwas zu ändern, haben alle geschrien, nein, so doch nicht, Skandal!"[56] Und tatsächlich lässt sich zumindest die erste Hälfte der bisherigen Geschichte der ROC als eine Abfolge von Sezessions-, Fusions- und Aufteilungsversuchen lesen, die jedoch, so viel sei vorweggenommen, allesamt erfolglos blieben. Was sind also die strukturellen Voraussetzungen solcher Bemühungen und auch ihres Scheiterns?

Die in den Gesellschaftsvertrag eingebaute Sollbruchstelle am Ende des Millenniums markierte eine Art Schwellenzeit, in der zahlreiche Ausstiegs- und Verschmelzungsszenarien durch ganz Berlin schwirrten, wobei im Folgenden kein Anspruch auf Vollständigkeit erhoben werden kann. Alle aufgefundenen Pläne bezüglich der ROC teilten dabei zwei wesentliche Voraussetzungen: finanzielle Schwierigkeiten der GmbH und die Diagnose, dass der Berliner Markt angesichts von sieben Sinfonieorchestern zumindest im Orchesterbereich überbesetzt sei. Die beiden Chöre, die ihre Strategien in dieser Hinsicht sorgfältig abgestimmt hatten, blieben dagegen weitgehend unbehelligt von solchen Initiativen.[57] Es ließe sich ergänzen, dass alle an solchen Aktionen Beteiligten im Nachhinein betonten, dass es unter den Berliner Verhältnissen nicht möglich sei, aus konstatierten Missständen auch praktische Konsequenzen zu ziehen. Die nachträglichen Deutungen stellen damit unveränderliche strukturelle Faktoren für das Scheitern von Veränderungsplänen in den Mittelpunkt, die als Kampf gegen Berliner Windmühlen gedeutet werden.

Rexroth etwa griff nach seiner 1996 erfolgten Berufung zum Intendanten des DSO und der ROC schon früher diskutierte Überlegungen wieder auf, das RSB auf 67 Musiker zu verkleinern und umgekehrt das DSO zu vergrößern, um die beiden Klangkörper auf diese Weise stärker voneinander abzuheben, was auf erwartbaren Gegenwind traf.[58] Aus dem RSB wäre damit ein Orchester für die Klassik bis zur Schwelle der Romantik geworden, wobei Großbesetzungen für Werke von Wagner, Strauss, Mahler et cetera nicht mehr möglich gewesen wären. Den vorhersehbaren Widerstand des RSB, an dem der Plan bald scheiterte, brachte Matejka so auf den Punkt: „Das heißt, wir spielen nie wieder Heldenleben?"[59]

Nach dem Scheitern dieser antiheroischen Schrumpfkur marschierte Rexroth 1998 in die umgekehrte Richtung und schlug eine ambitionierte Fusion dreier Orchester vor, bei der er nunmehr das RSB und das DSO mit dem städtischen Berliner Sinfonie-Orchester, dem späteren Konzerthausorchester (BSO) zusammenführen wollte. Der Plan war, unter gemeinsamem Dach ein „Konzerthaus Berlin" zu etablieren, das in der Lage sein sollte, dem lokalen Champion, den Berliner Philharmonikern, Paroli zu bieten. Während Rexroth noch versuchte, diesen weitgefassten Plan mit seinem Ziel der Berufung Kent Naganos unter einen Hut zu bringen,[60] startete der Intendant der Berliner Festspiele, Joachim Sartorius, der ein Konglomerat bundesfinanzierter

Berliner Kultureinrichtungen leitete, eine weitere Initiative, die auf die Zerlegung der ROC hinauslief: Das DSO sollte demnach mitsamt dem bisherigen Bundesanteil an der ROC (35 Prozent) zu den Berliner Festspielen übergeleitet werden. Die übrigen Ensembles visionierte er bei verschiedenen Zielhäfen: den Rundfunkchor bei den Philharmonikern, den RIAS Kammerchor beim SFB und das RSB beim Deutschlandradio.

Dieser Plan, der schon versandete, bevor er in das Säurebad der öffentlichen Kritik eingetaucht worden wäre,[61] hätte die ROC-Klangkörper also wieder aus einer gemeinsamen GmbH-Struktur herausgesprengt und sie zu Anhängseln einzelner Institutionen gemacht, wie es Anfang der 1990er-Jahre schon mehrfach durchgespielt worden war. Möglicherweise stand dies auch im Zusammenhang von Loslösungsbestrebungen des DSO in dieser Zeit. In deren Folge soll Dirigent Ashkenazy Ende 1999 in Begleitung seines britischen Musikagenten Jasper Parrott und des Orchestervorstands im Bundeskanzleramt auf die Alleinträgerschaft des Bundes für das DSO gedrängt haben.[62]

Überhaupt ist der Einfluss von Musikagenten in dieser Zeit auf die Dynamik solcher Pläne nicht zu unterschätzen. Dazu gehörte nicht nur der zeitweilig von Ashkenazy unterstützte Vorschlag seines Agenten Parrott, „das DSO als reines Tournee-Orchester quasi zu ‚privatisieren' und damit zur Finanzierung der ROC beizutragen".[63] Noch kühner war der Vorschlag Naganos, der im Zuge seiner Vertragsverhandlungen Anfang der Nullerjahre die radikalen Ideen des US-amerikanischen Musikmanagers Ernest Fleischmann in die Diskussion um die Zukunft der ROC einbringen wollte. Fleischmann hatte schon in den 1980er-Jahren das Ende der traditionellen Orchester in den USA ausgerufen,[64] sodass es wenig überrascht, dass auch seine Pläne für Berlin darauf hinausliefen, die bestehenden Orchester in einen großen Pool einzuspeisen, aus dem man dann je nach Bedarf passende Formationen hätte bilden könnten. Auch hier trug die vorzeitige Publizität solcher Vorschläge dazu bei, dass der Plan trotz hektischer Aktivitäten des ROC-Kuratoriums bald wieder in der Versenkung verschwand.[65]

Parallel zu diesen Überlegungen fanden 2001 auf Initiative des kulturpolitischen Sprechers der SPD im Berliner Abgeordnetenhaus, Nikolaus Sander, konspirative Verhandlungen mit dem Ziel statt, eine günstige Gelegenheit zu nutzen, durch das eine Fusion des RSB möglich gewesen wäre – diesmal nur mit dem Konzerthausorchester (BSO). Während das RSB durch den Weggang von Rafael Frühbeck de Burgos führungslos geworden war, war das BSO, das vormals ebenfalls zu den DDR-Klangkörpern gehört hatte und vom Berliner Magistrat getragen worden war, gerade dabei, Eliahu Inbal zu seinem Chefdirigenten zu berufen. Gleichzeitig stand eine Pensionierungswelle unter den Musikern des Ensembles bevor, was aus der Perspektive von Verwaltungen – so auch in diesem Fall – stets eine Chance zu tiefgreifenden Einschnitten darstellt. Während Inbal und Elitz in der israelischen Botschaft in Berlin die Möglichkeiten eines solchen Arrangements ausloteten, hatten Vertreter des RSB, die über diese Fusionspläne nicht im Bilde waren, eine andere Rettungsinitiative gestartet. Sie waren auf eigene Rechnung nach Zürich geflogen, um dort Marek Janowski als Dirigenten ihres schwer angeschlagenen Ensembles zu gewinnen.[66] Letzteres glückte schließlich, wodurch auch dieser Fusionsplan zunächst vom Tisch war.

Das grundsätzliche Problem, das hinter diesem Plan stand, war damit jedoch nicht gelöst: Das Land Berlin steckte nach den rauschhaften 1990er-Jahren und dem Berliner Bankenskandal 2001 in einer tiefen finanziellen Krise und suchte dringend nach Wegen, um seine Verpflichtungen zu verringern. Dazu gehörten auch Überlegungen, den Gesellschafteranteil an der ROC zu reduzieren oder gar ganz auszusteigen.[67] Im zehnten Jubiläumsjahr entwarf der Berliner Kultursenator Thomas Flierl (PDS), der bei den Orchestern auf der Suche nach sechs Millionen Euro Einsparmöglichkeiten war, vor dem Hintergrund der zeitgleich stattfindenden Auseinandersetzung um die Abwicklung der Berliner Symphoniker verschiedene Szenarien, bei denen er das BSO mit den ROC-Orchestern verklammern wollte. In einem Interview mit der *Berliner Zeitung* sprach Flierl im März 2004 öffentlich von einer möglichen „Allianz". Auf die Frage, ob er dabei an eine Fusion denke, antwortete er: „Es muss nicht Fusion heißen, es kann Bündelung heißen, Verankerung der ROC im Konzerthaus."[68]

Im August 2004 legte Flierl schließlich im Rahmen eines Gesamtentwurfs zur Entwicklung der Berliner Kultur Gedanken zur „Neuordnung der Orchesterlandschaft und Konzertzentren Berlins" vor. Der Kultursenator beklagte dort vor allem die Folgen der finanziellen Maßlosigkeit der 1990er-Jahre und schlug im Orchesterbereich, den er als überbesetzt einschätzte, Kürzungen vor.[69] Dabei fiel sein Augenmerk neben dem städtischen BSO auch auf die beiden ROC-Orchester. Der Kulturjournalist Manuel Brug kommentierte diese Überlegungen in der *Welt*:

> „Das Problem von BSO, RSB und DSO ist: Sie stehen alle einzeln gut da, wirtschaften anständig, haben sich qualitativ gesteigert, ihre Konzerte sind (vor allem beim BSO und RSB) gut ausgelastet. Und trotzdem ist es noch ein Orchester zu viel. Berlin gärt subventioniert im eigenen Klangkörpersaft; es wiederholt sich das Kernrepertoire; von auswärts gibt es kaum Vitaminspritzen durch Gastorchester, weil der Markt gesättigt ist."[70]

Flierl entwarf ein Szenario, wonach ab 2006 das BSO mit dem RSB vereinigt werden könnte, womit sich nach seiner Rechnung bis zu 92 Planstellen einsparen ließen. Als gemeinsame Spielstätte sollte das Konzerthaus, das ehemalige Schauspielhaus am Gendarmenmarkt, dienen.[71] Diesmal hatte sich die Lage insofern umgekehrt, als das BSO nach dem bevorstehenden Weggang von Inbal bald ohne Dirigent dastehen würde, während das RSB unter Janowski in der Zwischenzeit einen steilen Aufstieg erlebt hatte. Am Ende der nun ausbrechenden scharfen Debatte, in der auch Elitz heftig gegen die mit dem Plan verbundene Kostenverschiebung vom Land Berlin auf das Deutschlandradio protestierte,[72] trat jedoch ein, was Brug in seinem Artikel prognostiziert hatte: Gegen den auf dem Papier in seinen Augen durchaus attraktiven Plan wurden sofort die Interessenvertreter der Orchester mobilisiert, „und nichts wird passieren, weil sich alles gegenseitig blockiert".[73]

Wenige Jahre später trug Brug dann jedoch selbst entscheidend dazu bei, dass ein weiterer – der vorläufig letzte – Fusionsplan scheiterte. Im Vorfeld des 15-jährigen Jubiläums hatten die Gesellschafter der ROC selbst den Impuls gegeben, sich über Fusions- und Einsparungsmöglichkeiten Gedanken zu machen. Sie beauftragten Willi Steul, der 2009 Nachfolger von Elitz als Intendant des Deutschlandradios geworden war, einen solchen Plan zu entwerfen. Als mögliche Option schlug Steul eine Fusion von RSB und DSO vor, wobei aus den bislang nominell 206 Planstellen ein Großorchester mit 125 Planstellen werden sollte.[74]

Dieses Planspiel lief faktisch nicht nur darauf hinaus, dass das nach dem angekündigten Weggang seines Chefdirigenten Ingo Metzmacher führungslose DSO praktisch durch das RSB unter Janowski übernommen werden sollte – die alten Übernahmeszenarien aus den frühen 1990er-Jahren waren damit umgekehrt worden. Zudem folgte daraus auch die Zerlegung der ROC gGmbH: Die Finanzierung des fusionierten Großorchesters sollte durch Bund und Deutschlandradio erfolgen, während der Rundfunkchor wahrscheinlich den Berliner Philharmonikern und der RIAS Kammerchor dem Land Berlin zugeschlagen werden sollte. Noch bevor die ROC-Gesellschafter aber wie geplant am 8. Dezember dieses Papier diskutieren konnten,[75] erledigte Manuel Brug den ihm offensichtlich von interessierter Seite zugespielten Plan durch eine skandalisierende Veröffentlichung in der *Welt*. Als Hintergrund des Projekts charakterisierte er dabei die Dauerkrise der ROC: „Von den vier Gesellschaftern stiehlt sich der klamme RBB immer mehr aus seiner Verantwortung. Das Land Berlin wartet meist passiv ab und schlägt sich dann auf die Seite der Mehrheit. Und die beiden Hauptgesellschafter, Deutschlandradio und Bund, wollen nun Fakten schaffen."[76]

Kaum war dieser Artikel erschienen, wollte keiner der Befürworter einschließlich des Kulturstaatsministers Michael Naumann und des Berliner Regierenden Bürgermeisters Klaus Wowereit mehr etwas von den Überlegungen wissen.[77] Und so beantwortete die ehemalige Kulturstaatsministerin Christina Weiss die Frage der *Welt*, ob der

Deutschlandradio-Intendant möglicherweise als „Minensucher vorgeschickt“ worden sei, „um die Stimmung zu sondieren“: „Da wird was dran sein, genauso wie da wohl Parteipolitik zugunsten des RSB im Spiel ist. Es geht hier sicherlich nicht in erster Linie um Kunst, sondern nur um Geld.“[78] Auch Sträßner bestätigte später den Eindruck, dass man Steul habe im Regen stehen lassen, warf ihm aber vor, die Regeln des politischen Geschäfts nicht ausreichend beherzigt und den Fehler begangen zu haben, „den Politikern zu sagen, gut, dann mache ich den Vorstoß und ihr steht hinter mir. Und das hat er sich nicht schriftlich geben lassen.“[79] So kämpfte der Deutschlandradio-Intendant zwar beherzt, aber zunehmend einsam für das Fusionsprojekt, das er in seinem eigenen Sender am 4. Dezember vor der geplanten Gesellschafterversammlung noch einmal verteidigte:

> „Ich fürchte einfach: Wir können jetzt die nächsten drei Jahre diese beiden wunderbaren Spitzenorchester finanzieren [, aber] ich sehe angesichts der Entwicklung in unserem Land, angesichts der Entwicklung der Steuereinnahmen, dass das danach immer schwerer wird. Und wenn wir jetzt eine solche Situation, einen solchen Kairos haben, um gestaltend, zukunftsgestaltend zu handeln, dann sollte man das tun.“[80]

Am Ende der vier Tage später stattfindenden Kuratoriumssitzung stand schließlich eine dürre Presseerklärung, wonach sich die Gesellschafter zwar über den „dringenden strukturellen Handlungsbedarf“ und über weitere notwendige Gespräche „eine[r] Zukunftssicherung der ROC GmbH“ einig seien, aber im Kern wurde die Beerdigung des Fusionsplans angekündigt: „Dabei ist deutlich geworden, dass nicht alle Gesellschafter eine Zusammenführung der beiden Orchester DSO und RSB befürworten können.“[81]

Obwohl damals alle beteiligten Akteure den Plan für richtig hielten – und manche von ihnen tun dies noch heute –, überstand dieser nicht die von Brug gestartete Kampagne. Wie so oft in dieser Geschichte standen sich abermals das RSB- und das DSO-Lager gegenüber, die jeweils mit der besonderen kulturellen und politischen Bedeutung „ihres" Orchesters argumentierten. Dabei spielte das Ost-West-Lagerdenken wiederholt eine starke Rolle,[82] auch wenn es erneut von einem Konflikt zwischen Berlin-Charlottenburg und Köln-Raderthal überschattet wurde. Das erklärt vielleicht auch, warum Brug, dem Matejka nachträglich die Ehre zusprach, dieses Fusionsprojekt erledigt zu haben,[83] dem Flierl-Plan, der das DSO ungeschoren gelassen hätte, prinzipiell positiv gegenübergestanden hatte, während er den Steul-Plan, der das DSO im RSB aufgelöst hätte, in Grund und Boden verdammte.

Der Wirbel zog sich aber noch bis ins nächste Jahr hinein.[84] Am 10. Februar 2010 verhängte der Haushaltsausschuss des Bundestags eine qualifizierte Haushaltssperre über den ROC-Anteil des Bundes, die erst aufgehoben werden sollte, wenn geklärt sei, „wie die mittelfristige Finanzierung der Klassik-Holding aussehen" solle. Wie der *Tagesspiegel* weiter kommentierte, sei dies gegen die von Steul weiterhin betriebenen Aufspaltungspläne der ROC gerichtet, der selbige auch im demnächst dazu tagenden Kulturausschuss des Berliner Abgeordnetenhauses vertreten wolle. Der *Tagesspiegel* wies derlei Strategien mit einer Begründung zurück, bei der eine neue Argumentation für die Existenz der ROC gGmbH durchschimmerte, deren Fäden aus der Sprache des New Public Management[85] gewoben waren. Zu den wichtigsten Stichworten dieses Stils gehören Begriffe wie „schlanke Verwaltung", „Effizienz", „Leistungszentren" und „Kosten-Nutzen-Rechnung":

> „So attraktiv diese (Auf-)Lösung allen erscheinen mag, die es leid sind, immer wieder Aufbau und Sinn der ROC zu erklären – unterm Strich kostet sie viel Geld. Denn schlanker als jetzt lassen sich zwei Orchester und zwei Chöre kaum leiten. Ob Buchhaltung, Besucherservice oder customer relationship management – nach anfänglichen Reibereien nutzen die vier Ensembles inzwischen alle Synergieeffekte optimal. Diese Arbeitsteilung würde bei einer Zerschlagung der ROC wegfallen."[86]

Am Ende der Debatte blieb, zumindest was die Struktur der ROC gGmbH und ihrer Klangkörper betraf, alles wie es war – auch wenn die Steuls missglücktem Vorstoß zugrundeliegenden Probleme keineswegs beseitigt waren. Aber eine wichtige Veränderung brachte dieser bislang letzte Versuch, die ROC durch Sezession, Fusion oder Aufteilung zu verändern, mit sich: Allen Gesellschaftern war nun endgültig klar geworden, dass sie, ob sie wollten oder nicht, aus dieser Konstruktion nicht herauskonnten, da jeder Versuch einer grundsätzlichen Veränderung unweigerlich in eine öffentlich ausgetragene Debatte führte, in der sich am Ende alle Interessen gegenseitig blockierten. Somit war deutlich geworden, dass Veränderungen nur durch konstruktive Lösungen innerhalb des bestehenden Gebäudes erreicht werden konnten.

Der Gründungskompromiss, auf dem die ROC beruhte, war nun, wo unabweisbar klar geworden war, dass keine Seite ihre Interessen einseitig auf Kosten der anderen durchsetzen konnte, auf Dauer gestellt. Das bedeutete, dass sich Konflikte nicht durch einen Ausstieg in welcher Form auch immer regeln ließen, sondern dass sie in einer Kultur des Kompromisses ausgehandelt werden mussten. Vermuten lässt sich daher, dass die strategische Weiterentwicklung der ROC nach dem letzten Aufruhr um das Steul-Papier immer mehr zu einer Aufgabe des Managements wurde, das innerhalb der bestehenden Grundstrukturen operieren und diese lebensfähig gestalten musste. Die Sprache des New Public Management, die im *Tagesspiegel* erstmals öffentlich im Zusammenhang der Debatte über die Zukunft der ROC aufblitzte, lieferte dafür künftig mehr und mehr den passenden Begründungsteppich.

Fazit

Am Nikolaustag 2009 veranstaltete Bundespräsident Horst Köhler in Schloss Bellevue eine feierliche Matinee mit dem Titel „Klangwelten", bei der vier kammermusikalische Ensembles der ROC gGmbH anlässlich des 15-jährigen Jubiläums dieser Einrichtung auftraten. In seinem Grußwort[1] würdigte der Bundespräsident gebührend die Bedeutung der ROC, deren Gründung er vor allem in den Kontext der deutschen Einigung rückte. Er stellte sie als erfolgreiche Alternative zur „Abwicklung" ostdeutscher Einrichtungen dar und unterstrich ihre anhaltende Wichtigkeit mit einem Zitat des ehemaligen Intendanten des Deutschlandradios, Ernst Elitz: „Kultur ist kein Luxus, sondern das Fundament einer Kulturnation". Am Schluss seiner Rede warf Köhler schließlich einen warnenden Seitenblick auf die Vorgänge, welche die ROC gGmbH in diesen Tagen bewegten: Ende 2009 war diese bekanntlich, begleitet von großer öffentlicher Aufregung, gerade wieder einmal in schwere Turbulenzen geraten und ihr Fortbestand in der bisherigen Form schien ungewiss.

Zehn Jahre später, am 18. September 2019, gaben die Direktoren der vier Klangkörper der ROC gemeinsam mit Ernst Elitz und dem Geschäftsführer der ROC Anselm Rose dem Deutschlandfunk ein Interview und präsentierten dort eine stolze Bilanz: „25 Jahre ROC: Von der Notlösung zum Erfolgsmodell",[2] lautete der Titel der Sendung. Im Herbst 2022 hielt schließlich der damalige ARD-Vorsitzende Tom Buhrow eine viel beachtete Rede vor dem Hamburger Übersee-Club, in der er anlässlich der sogenannten Schlesinger-Affäre ein Plädoyer für eine grundlegende Reform des öffentlich-rechtlichen Rundfunks hielt. Dabei stellte er auch die Frage in den Raum, ob die Gebührenzahler weiterhin die 16 Ensembles der ARD mit ihren 2000 Mitarbeitern finanzieren wollten, und fügte hinzu, dass man in Berlin mit der Beteiligung von Land und Bund ein „kluges Modell" gefunden habe.[3]

In jeder dieser drei Episoden erscheint die ROC gGmbH in einem anderen Licht, wobei Krisen- von Erfolgserzählungen abgelöst werden. Dieses Buch verfolgt die Geschichte der ROC einige Etappen lang, um dabei Antworten auf die Fragen zu suchen, die in diesen drei exemplarischen Episoden aufscheinen: Was haben die deutsche Einigung und die ROC miteinander zu tun? Wie verhalten sich Krise und Stabilität dieser Einrichtung zueinander? Und schließlich: Lässt sich bei der ROC aus heutiger Sicht von einem Erfolgsmodell sprechen?

Organisation und Erfolg

Erfolg, um mit diesem Punkt zu beginnen, ist für Historiker eine schwierige Kategorie, da dieser an die Kriterien derjenigen Zeitgenossen gebunden ist, welche über Erfolg und Misserfolg urteilen. Historiker sind aber keine Kulturmanager, Kulturpolitiker oder Organisationssoziologen, sondern interessieren sich vielmehr für die historische Vielfalt und Wandelbarkeit von Erfolgskriterien. So enthält die dem Heute entstammende Beschreibung der Geschichte der ROC als Verwandlung einer Notlösung in eine Erfolgsgeschichte mehrere Elemente, die einer näheren Betrachtung lohnen. Erstens nämlich die „Notlösung", zweitens das „Erfolgsmodell" und schließlich – unausgesprochen – die Frage des Prozesses, der von einem zum anderen führt.

Die hier erzählte Entstehungsgeschichte der ROC gGmbH bestätigt einerseits, dass es sich hierbei um eine improvisierte Lösung handelte, mit der man ein akutes Problem zu lösen versuchte: nämlich die Frage, was aus denjenigen Berliner Klangkörpern werden sollte, die durch den einigungsbedingten Wegfall der Rundfunkanstalten, die ihnen bislang ihre Existenz gesichert hatten, werden sollte. Unser Buch zeigt, dass der Weg zu der schließlich entstandenen Lösung – nämlich die zunächst fünf, später vier Ensembles, die zuvor dem Westberliner RIAS beziehungsweise dem Ostberliner Sender DS Kultur zugeordnet gewesen waren – von konkurrierenden rundfunkpolitischen

Strategien zahlreicher Akteure auf unterschiedlichsten Ebenen geprägt wurde. Diese durchkreuzten sich oftmals gegenseitig und verstärkten damit auch das in solchen Prozessen immer vorhandene Moment der Kontingenz, also der Verbindung von Möglichkeiten mit dem Nichtnotwendigen. Das Ergebnis – die Zusammenführung der verschiedenartigen Klangkörper aus Ost und West in einer gemeinsamen GmbH – war somit einerseits überraschend, andererseits existierte dieses Modell aber bereits im zeitgenössischen Möglichkeitsraum. Anders gesagt: Wie im Jazz wurde hier mithilfe eines bereits bekannten Musters improvisiert. Dabei rechneten die meisten der beteiligten Akteure erst einmal nur mit einem mittelfristigen Zeithorizont, genau genommen bis Ende 1999 – was danach kommen würde, galt als höchst ungewiss.

Dass die GmbH-Konstruktion von Klangkörpern seit einigen Jahren als Erfolgsmodell, womöglich sogar als Wundermittel zur Finanzierung von Rundfunkensembles betrachtet werden kann, war bei der Gründung der ROC in keiner Weise absehbar. Zur Erklärung dieser Situation kann man vielleicht eine Analogie zur Evolutionsbiologie bemühen: Der häufig missverstandene Charles Darwin argumentierte 1838, dass die Evolution ungeplant ständig neue biologische Variationen hervorbringen würde. Änderten sich die Umweltbedingungen, so hätten diejenigen Lebewesen, die den veränderten Bedingungen am besten angepasst seien, die höchsten Überlebenschancen. Dieses Modell der Evolution als nicht zielgerichteter, sondern zufälliger Prozess läuft auf ein Lob der Vielfalt heraus und hat wenig mit dem später popularisierten *survival of the fittest* zu tun.

Was kann dieses Modell nun zur Erklärung der ROC beitragen? Diese war ja ebenso wenig nur das Ergebnis einer zufälligen Variation wie eines genialen Masterplans. Aber nach ihrer Gründung behauptete sie sich, oftmals unter großen Schwierigkeiten, als ein Modell unter anderen zur Lösung der Frage, wie sich teure Rundfunkklangkörper finanzieren ließen. Seit der Gründung der ROC im Jahr 1994 haben sich jedoch ihre Umweltbedingungen radikal verändert: Galt damals noch der Status als Hausorchester einer Rundfunk- oder Fernsehanstalt als größtes anzunehmendes Glück, so entwickelt sich dieser angesichts der Legitimitätskrise der Gebührenfinanzierung der öffentlich-rechtlichen Sender allmählich zum Höchstrisiko. Im Januar 2024 forderte etwa der bayerische Ministerpräsident Markus Söder eine Halbierung der Rundfunkorchester von 24 auf 12.[4] Diese Entwicklung ist jedoch nicht auf Deutschland beschränkt: Ein Jahr zuvor wollte die britische BBC ihren renommierten Chor abwickeln, worauf Sir Simon Rattle eine erfolgreiche Kampagne startete, in der er den nicht-materiellen Wert der Kultur beschwor.[5]

Angesichts dieser veränderten rundfunkpolitischen Umwelt erscheint das GmbH-Modell der ROC, das den Unterhalt teurer Klangkörper auf viele Schultern verteilt, mittlerweile also außerordentlich attraktiv, ohne dass dies das Ergebnis irgendeiner zielgerichteten Entwicklung wäre. Kurz gesagt: Eine aus den besonderen Umständen der frühen 1990er-Jahre geborene Konstruktion, die von den damals zusammengeschlossenen Klangkörpern allenfalls als zweitbeste Option empfunden wurde, hat sich mittlerweile angesichts eines dramatisch geänderten Umfelds ungeplant als nicht nur vorübergehender Glücksfall für diese erwiesen.

Vom Gründungskompromiss zur Kompromisskultur?

In diesem Buch wird vorgeschlagen, die Gründung der ROC gGmbH als Kompromiss zwischen den Interessen zahlreicher Akteure zu verstehen. Dazu gehörten neben den betroffenen Klangkörpern politische Akteure in Berlin und anderen Bundesländern, beim Bund, bei Rundfunk- und Fernsehanstalten und einige andere mehr. Der mit der Gründung der ROC erzielte Kompromiss blieb 1993 als einzige Möglichkeit übrig, wozu auch der große Zeitdruck beitrug. Keiner der Beteiligten konnte sich ganz durchsetzen und jeder musste Abstriche von seinen Erwartungen machen, das gehört zum Wesen eines Kompromisses. Dazu gehört aber auch, dass die Konflikte nicht wie bei einem Konsens aufgehoben sind, vielmehr werden sie nur aufgeschoben, wandern durch die Zeit und können wieder aufbrechen.[6] Die auf

Ende 1999 terminierte Ausstiegsklausel im Gesellschaftervertrag symbolisierte diese Zeitlichkeit des bei der Gründung erzielten Kompromisses. In der Geschichte der ROC lässt sich diese Dynamik deutlich erkennen: Zumindest die ersten rund 15 Jahre ihres Bestehens waren davon geprägt, dass immer wieder einzelne Akteure versuchten, den Gründungskompromiss nachträglich zu ihren Gunsten zu verändern, sobald sich dazu eine günstige Möglichkeit zu eröffnen schien. Befördert wurde dies einerseits von finanziellen Krisen und andererseits von Schwächephasen der Konkurrenten, etwa aufgrund vorübergehend unbesetzter Chefdirigentenstellen.

Die Formen der Konfliktaustragung in der ROC gGmbH lassen sich mit dem bekannten Modell des amerikanischen Ökonomen und Entwicklungstheoretikers Albert O. Hirschman beschreiben: Demnach bestehen bei Konflikten in Organisationen zwei Optionen, nämlich „Abwanderung" (*exit*) und „Widerspruch" beziehungsweise „Einspruch" (*voice*). Als Angelpunkt dieser beiden Handlungsmöglichkeiten beschreibt Hirschman „Loyalität", die beeinflusst, welche der beiden Optionen ergriffen wird.[7] Wie die Gründungsgeschichte der ROC zeigt, rief die Unzufriedenheit mit dem Gründungskompromiss unter den Gesellschaftern und Klangkörpern der ROC nicht nur permanentem Widerspruch hervor, sondern wurde von unablässigen Drohungen mit Abwanderung begleitet, was auf ihre in dieser Zeit nur schwach ausgeprägte Loyalität verweist. Die Exit-Drohung konnte wiederum verschiedene Formen annehmen: Sezession, Aufteilung und Fusion.

2009 markierte den Höhe- und zugleich auch Endpunkt dieser Entwicklung, der eine ganze Reihe anderer Versuche vorangegangen waren: Als Willi Steul als Intendant des Deutschlandradios im Auftrag des ROC-Kuratoriums Überlegungen entwickelte, welche die Fusion der beiden ROC-Orchester mit der Auflösung der gemeinsamen GmbH-Struktur verbanden, raste er damit mit solcher Wucht gegen eine mediale und politische Betonmauer, dass seither niemand mehr einen ähnlichen Versuch gewagt hat. Exit aus der ROC gGmbH ist seither zumindest für die Gesellschafter und die Klangkörper – Musiker und Musikerinnen besitzen weiterhin individuelle Exitmöglichkeiten –

keine Option mehr, da sich alle Akteure gegenseitig blockieren können. Veränderung kann stattdessen nur noch durch Einspruch erreicht werden. Doch hat dies auch eine andere Seite: Jeder Gesellschafter kann sich darauf berufen, nur einen Teil der Kosten tragen zu müssen, genießt aber die Vorteile sämtlicher Klangkörper. Das macht es leichter, die Kosten gegenüber ihren eigenen Organisationen zu rechtfertigen.

Aus dem periodisch aufflackernden Kampf gegen die Zumutungen des Gründungskompromisses ist ein permanenter Prozess der Aushandlung von Kompromissen geworden: Es lässt sich zumindest vermuten, dass in der ROC nach dem letzten Versuch einer grundsätzlichen Neugestaltung eine auf Dauer gestellte Kompromisskultur entstand, welche die Energien vor allem darauf richtet, diese Konstruktion funktionsfähig zu gestalten. Handelt es sich dabei also um jene Form des Zusammenlebens, die von zerstrittenen Ehepartnern bekannt ist, die sich aus Sorge vor ruinösen Scheidungsfolgen in ein gemeinsam erduldetes Eheleben ergeben? Oder heißt das, dass seit dieser Zäsur auch die Loyalität gegenüber der ROC gewachsen ist? Wie haben sich die Formen der Konfliktaustragung in der ROC verändert? Es geht also darum, das Spannungsverhältnis von permanenter Krise und Stabilität, das für die ROC charakteristisch erscheint, besser zu verstehen.

Von der Schicksalsgemeinschaft zur Holding?

Unsere Nachforschungen setzen um das Jahr 2009 herum eine Zäsur an und enden dort auch. Das hat neben sachlichen Gründen, die sich aus dem Untersuchungsgegenstand ergeben, auch mit einem anderen Faktor zu tun: Je näher die Untersuchung an die Gegenwart rückt, desto größer werden die wohlberechtigten Empfindlichkeiten der untersuchten Akteure, es handelt sich ja gewissermaßen um eine historische Operation am offenen Herzen. Gleichwohl lassen sich aus dem untersuchten Material Hinweise auf längere Entwicklungslinien gewinnen, die dabei helfen können, die Frage nach Veränderungen der Konfliktkultur in der ROC zu beantworten. Diese Antworten verbinden zwei Dimensionen, nämlich zum einen die der Strukturen, innerhalb derer die Konflikte ausgetragen wurden, und zum anderen die der Diskurse, das heißt der sprachlichen Begründungsmuster von Konflikten und ihrer Regulierung.

Zunächst zeigt dieses Buch, dass die einzelnen Klangkörper der ROC jeweils eine starke Identität besaßen, die mit großer Loyalität ihrer Ensemblemitglieder verbunden war. Deren Identifikation mit der ROC war dagegen nur schwach ausgeprägt und dementsprechend war die Loyalität begrenzt. Als Ganzes wurde die ROC anfänglich sowohl von den Gesellschaftern als auch von den Klangkörpern vor allem als eine aus der Not geborene Schicksalsgemeinschaft verstanden. Versuche, dies zugunsten eines gemeinsamen Wir-Gefühls zu verändern – und dazu gehörten auch die seltenen gemeinsamen Auftritte von ROC-Ensembles wie anlässlich der beschriebenen Matinee beim Bundespräsidenten 2009 – wurden dort als latente Fusionsdrohung empfunden.

Nachdem die in den Gründungskompromiss eingebaute empfindlichste Sollbruchstelle – die Ausstiegsklausel Ende 1999 – einigermaßen glücklich überbrückt worden war, setzten deshalb Versuche ein, die Konfliktszenarien durch eine neue Leitungsstruktur der ROC positiv zu verändern. Dazu gehörte vor allem die Idee, die Gesamtintendanz stärker auf die Sicherung der finanziellen Rahmenbedingungen zu fokussieren und die künstlerische Entwicklung den jeweiligen Ensembles zu überlassen. Im Zuge dieser Reformbewegung verwandelten sich die Klangkörper strukturell in Kostenzentren. Die Mehreinnahmen der finanziell erfolgreichen Ensembles wurden seitdem nicht mehr zum Ausgleich des Gesamtfehlbetrags verwendet, sondern kamen den jeweiligen Klangkörpern selbst zugute. Auf diese Weise wurden die inneren Konflikte allmählich in eine betriebswirtschaftliche Logik übersetzt, was zugleich die Schärfe identitätspolitisch aufgeladener Konflikte, bei denen die „Seele" der Klangkörper im Mittelpunkt stand, abschwächte.

Nach dem letzten großen Versuch einer Exit-Lösung 2009 und dem darauffolgenden Burgfrieden, der sich bis heute hält, reduzierte sich drastisch die Möglichkeit, Konflikte über Bande zu spielen und damit nach außen zu gehen. Vermutlich hat sich in der folgenden Zeit die bereits zuvor angelegte Tendenz zur Verwandlung der einstigen Schicksalsgemeinschaft zur Holding, die sich auch als Ökonomisierung der Beziehungen beschreiben lässt, weiter verstärkt. Vereinte die ROC also anfänglich konkurrierende Klangkörper, so wurde daraus immer mehr eine Budgetgemeinschaft musikalischer Kostenzentren mit wachsender Eigenverantwortung.[8] Dies lässt sich auch daran erkennen, dass sich das in der Frühzeit der ROC stark ausgeprägte symbiotische Verhältnis von Intendant und Maestro zunehmend stärker versachlicht hat und nicht mehr so sehr vor allem der Stabilisierung der Identität kulturaffiner Milieus dient, sondern stärker den Gesetzen einer medial gesteuerten Marktrelevanz unterworfen wurde.

Schließlich veränderte sich auch der Begründungsteppich, auf dem die ROC seit ihrer Gründung schreitet. Wie noch im 2009 vorgetragenen Grußwort des damaligen Bundespräsidenten aufschien, spielte die Idee von einer die Wunden der Teilung und der Wiedervereinigung heilenden Nationalkultur von Anfang an eine zentrale Rolle als Legitimationsfigur der ROC. Doch gewann seither eine zweite Legitimationsfigur, die schon in der Gründungsphase vorhanden, aber noch nicht dominant gewesen war, immer mehr an Bedeutung: der Markt. Auf einer strukturellen Ebene hatte sich das schon vorher angekündigt, und dafür stehen etwa die Anfang der Nullerjahre eingeführten Kostenzentren, die den Geist des New Public Management atmen. Strukturen und Sprachgebrauch konnten dabei gleichermaßen helfen, die weiterhin bestehende Konkurrenz innerhalb der ROC-Klangkörper, die vor allem die beiden Orchester betraf, zu domestizieren: die agonale Beziehung wurde gewissermaßen budgetiert. Die Verrechenbarkeit gegenseitiger unvereinbarer Ansprüche im Medium des Geldes ist zudem, wie der Berliner Kultursoziologe Georg Simmel bereits 1909 in seinem Essay „Das Ende des Streits" schrieb, eine zentrale Voraussetzung des Kompromisses.[9] Damit kann sich also Loyalität zur ROC als Holding entwickeln, ohne dass diese unbedingt einer Identität oder „Seele" bedarf.

Ost und West: Die ROC als Wiedervereinigung im Kleinen?

Von ihren Anfängen an wurde die ROC dadurch legitimiert, dass sie einen wichtigen Beitrag zur Erhaltung der Nationalkultur leiste. Letztere sollte – so der Wunsch – als unpolitisches Medium der Versöhnung dienen und über die vielfältigen vor und nach 1990 zwischen Ost- und Westdeutschland existierenden oder entstehenden Gräben hinweghelfen. Gleichzeitig wurde die ROC aber nicht nur durch ihren erhofften Beitrag zu einer solchen weltoffen verstandenen Nationalkultur legitimiert. Vielmehr galt die schiere Existenz der ROC selbst als geglücktes Symbol der Vereinigung von Ost und West. Inmitten von Geschichten abgewickelter Betriebe als Opfer der Privatisierung der ostdeutschen Wirtschaft schien die Geschichte der ROC in mehrfacher Hinsicht ein bemerkenswerter Ausnahmefall zu sein: Ausgerechnet an der ehemaligen Nahtstelle des Kalten Krieges, in Berlin, waren zwei Teile aus West und Ost erfolgreich unter einem gemeinsamen Dach vereinigt worden. Und zugleich ließ sich diese Geschichte als geglückter Fall einer Privatisierung lesen, auch wenn es sich hierbei, ähnlich wie bei anderen Klangkörpern in privater Rechtsträgerschaft, gewissermaßen um eine Privatisierung light handelte, bei der der Großteil der Gelder letztlich immer noch aus Steuermitteln und Rundfunkgebühren stammte.

Die erfolgreichen Aspekte dieser Geschichte dürfen nicht kleingeredet werden: Angesichts der Tatsache, dass tatsächlich eine ganze Reihe von Klangkörpern in der Zeit nach 1990 abgewickelt wurde, sollte man den faktischen Erfolg der Rettung von Orchestern und Chören durch die ROC nicht geringschätzen. Eine andere Frage ist jedoch, welche Rolle dabei die West-Ost-Gegensätze im Binnenverhältnis der Ensembles der ROC untereinander spielten. Wurden auch die Klangkörper der ROC aus West und Ost „ungleich vereint", wie das jüngste Buch des bekannten Soziologen Steffen Mau formuliert, der dort prognostiziert, dass Identität und Mentalität im Osten langfristig unterschiedlich zum Westen bleiben würden?[10]

Unser Buch gibt hierauf mehrere Antworten: Gerade für die institutionelle Konkurrenz der beiden ROC-Orchester, des RSB und des DSO, spielte diese Dimension längere Zeit eine gewichtige Rolle. Dabei verwoben sich der strukturelle Konflikt, der sich aus der objektiven Rivalität zweier Orchester mit ähnlichem Profil auf engem Raum ergibt, und die Ost-West-Konkurrenz. Insbesondere in den Anfangsjahren wurde die strukturelle Konkurrenz stark von den Nachwirkungen des Ost-West-Gegensatzes des Kalten Krieges geprägt, sei es durch entsprechende Stereotypisierungen, sei es durch das Fortwirken etablierter Netzwerke vor allem in Westberlin. Doch verlor dieser Gegensatz über die Jahrzehnte hinweg seine Schärfe, auch wenn er sich gelegentlich immer noch mobilisieren lässt.[11]

Gleichzeitig ist aber ein neues Phänomen entstanden: Es geht dabei nicht mehr um die Nachwirkungen des alten Ost-West-Konflikts aus der Zeit des Kalten Krieges, sondern um einen neuen West-Ost-Gegensatz, der in der Zeit der Transformation nach der Vereinigung der beiden deutschen Staaten entstanden ist. Aus dem Konflikt zweier politischer Systeme im geteilten Deutschland ist der Gegensatz zweier deutscher Bevölkerungsteile in Ost und West geworden, in den gelegentlich wesenhafte Züge hineingedeutet werden.[12] Die Thematisierung von Ost-West-Gegensätzen kann dabei sowohl auf weiterhin bestehende soziale Ungleichheitsdimensionen verweisen, kann aber auch generell dazu dienen, das Gefühl eigener Benachteiligung zu formulieren. Dies gilt auch für Arbeitsbeziehungen und ist insofern auch für die ROC relevant. Zugleich eignet sich die Frage nach der Rolle der Ost-West-Dimension für die Geschichte der ROC dazu, um auf die Bedeutung der Gleichzeitigkeit des Ungleichzeitigen hinzuweisen: Denn während sich die sozialräumliche Trennung in West und Ost insbesondere beim Berliner Publikum der ROC-Orchester als erstaunlich langlebig erweist, sieht dies ganz anders aus, wenn man in die Ensembles selbst hineinblickt: Dort hat schon früh eine Durchmischung eingesetzt, die nicht nur Musiker und Musikerinnen aus den beiden Teilen Deutschlands, sondern aus vielen Teilen der Welt einschließt.

Dieses Buch über die Geschichte der ROC konzentriert sich vor allem auf die Ebene der Macher im Bereich der Medien, der Musik und der Politik. Eine stärkere Einbeziehung von Musikerinnen und

Musikern, aber auch von Verwaltungsangestellten, die wir uns gleichfalls gewünscht hätten, ist uns aus mancherlei Gründen nicht geglückt. Aber so viel haben wir bei unserer Arbeit doch gelernt: Unterhalb der Geschichte der Maestros, Intendanten und Kulturpolitiker gibt es noch eine andere, subkutane Geschichte der ROC. Dort existieren unterschiedliche Ströme und Kanäle, welche die Ensembles untereinander verbinden. „Eigen-sinniges" Verhalten – das heißt nicht-angepasstes Verhalten in einem Raum voller Herrschaftsbeziehungen[13] – unterläuft manche der Spannungslinien an der Oberfläche, nur um sie vielleicht im nächsten Moment wieder lautstark zu bekräftigen, wenn diese etwa den eigenen Interessen dienen. Insofern ist dies keine bessere, keine romantischere, aber eine andere Welt der ROC, die vielleicht auch einmal der genaueren Erforschung wert wäre.

Dank

Ein Buch hat meist mindestens so viele Ideengeber, Unterstützer und Helfer wie es Seiten zählt. Wir möchten uns an dieser Stelle bei all jenen bedanken, die diesen Band möglich gemacht haben.

Als uns im Frühjahr 2022 die ROC dazu einlud, ihre Frühgeschichte zu erforschen, haben wir in dem Geschäftsführer Anselm Rose und dem Kuratoriumsvorsitzenden Ernst Elitz enthusiastische und interessierte Gesprächspartner kennengelernt, bei denen wir uns für ihr Vertrauen ebenso herzlich bedanken wie für den Respekt, den sie unserer Unabhängigkeit entgegenbrachten, sowie für die ausgedehnte Zeit, die sie uns als Interviewpartner zur Verfügung stellten. Im Hause ROC, das die Erforschung ihrer Frühgeschichte und die Publikation der Ergebnisse auch finanziell unterstützt hat, möchten wir uns zudem bei Alexandra Becht für das Engagement und die Geduld bedanken, mit der sie die Schritte vom fertigen Manuskript zum gedruckten Buch begleitet hat.

Großer Dank gebührt auch allen unseren weiteren Interviewpartnern, die ihre Erinnerungen mit uns geteilt haben: Den ehemaligen ROC-Intendanten Dr. Elmar Weingarten, Dr. Dieter Rexroth und Bettina Pesch sowie den Klangkörperdirektoren Bernhard Heß (RIAS Kammerchor) und Hans-Hermann Rehberg (Direktor Rundfunkchor bis 2021) verdanken wir wertvolle Beiträge aus der Innenperspektive der ROC. Von den politischen Herausforderungen berichteten uns der ehemalige Regierende Bürgermeister Eberhard Diepgen, der ehemalige Chef der Senatskanzlei Berlins André Schmitz und der langjährige Referatsleiter für Musik und Darstellende Künste bei der Beauftragen der Bundesregierung für Kultur und Medien Martin Eifler. Die Blickwinkel der Funkhäuser leuchteten schließlich Dr. Matthias Sträßner und Stefan Lang (Deutschlandradio), Dr. Helmut Drück

(RIAS), Christoph Singelnstein (DDR-Hörfunk/RBB) und Wilhelm Matejka (SFB/RBB) für uns aus. Beim Deutschlandradio möchten wir uns außerdem sehr herzlich bei Jörg Wehling (Dokumentation und Archive) und Peter Praschek für ihr großes Engagement und ihre hilfreichen Hinweise zur Entstehungsgeschichte des Senders bedanken.

Für die große und stets freundliche Hilfe bei der Suche nach Quellen bedanken wir uns ferner bei Dr. Jörg Uwe Fischer, der im Deutschen Rundfunkarchiv Potsdam keine Mühe für uns scheute; Steffen Pauels recherchierte akribisch in der Berliner Senatsverwaltung für Kultur und Europa und ermöglichte uns damit Einsicht in mehr Material, als wir uns hätten erträumen können, Dr. Veit Scheller öffnete das ZDF-Unternehmensarchiv für uns.

Bei unserem Wiener Kollegen Prof. Dr. Philipp Ther bedanken wir uns für die stets gute Laune und die Expertise, mit der er das Projekt begleitet hat.

Schließlich gilt unser herzlicher Dank den Ensemble-Mitgliedern der ROC, die uns einen Einblick in das institutionelle Innenleben der ROC gegeben haben.

Anmerkungen

Dissonanzen der Einheit

1 Siehe dazu Marcus Böick/Constantin Goschler/Ralph Jessen, Editorial, in: dies. (Hrsg.), Jahrbuch Deutsche Einheit 2010, Berlin 2010, S. 7–14.
2 Brief der Gesellschaft der Freunde des Rundfunk-Chores Berlin an Oberbürgermeister Schwierzina, 30. 8. 1990 (SV).
3 Interview Hans-Hermann Rehberg, 16. 5. 2023.
4 Andreas Wirsching, Der Preis der Freiheit. Geschichte Europas in unserer Zeit, München 2012, S. 69.
5 Jutta Allmendinger/Richard J. Hackman, Organizations in a Changing World: The Case of East-German Orchestras, in: Administrative Science Quarterly 41 (1996), S. 349.
6 Vgl. die Erfahrungsberichte in: Gerald Mertens (Hrsg.), Orchesterland Deutschland. Wie die deutsche Einheit die Orchesterlandschaft verändert hat, Mainz 2020; Jutta Allmendinger, Staatskultur und Marktkultur. Ostdeutsche Orchester im Vergleich, in: Mitteldeutscher Kulturrat (Hrsg.), Analysen – Kultur und Kulturträger in der DDR, Berlin 1993; dies./Hackman: Organizations in a Changing World.
7 Allmendinger: Staatskultur und Marktkultur, S. 237 ff.
8 „Katzbuckeln vorm Goldesel", in: Der Spiegel, 4. 2. 1990.
9 Dietmar Keller, Minister auf Abruf. Möglichkeiten und Grenzen von 121 Tagen im Amt, Berlin 1990.
10 Zit. nach: Allmendinger, Staatskultur und Marktkultur, S. 237.
11 Gerd Dietrich, Kulturgeschichte der DDR, Bd. III. Kultur in der Konsumgesellschaft 1977–1990, Göttingen 2018, S. 2169.
12 Allmendinger, Staatskultur und Marktkultur, S. 225, S. 230.
13 Vgl. David Tompkins, Orchestrating Identity: Concerts for the Masses and the Shaping of East German Society, in: German History 30 (2012) 3, S. 412–428; Elaine Kelly, Composing the Canon in the German Democratic Republic: Narratives of Nineteenth-Century Music, Oxford 2014; Gerd Dietrich, Kulturgeschichte der DDR, Bd. I. Kultur in der Übergangsgesellschaft 1945–1957, Göttingen 2018, S. XI–XLI; Friedemann Pestel, Prekäre DDR-Repräsentation: Die Europa-Tourneen des Leipziger

Gewandhausorchesters in den 1950er bis 1980er Jahren, in: Revue d'Allemagne et des pays de langue Allemande 51 (2019) 1, S. 83–97; Allmendinger, Staatskultur und Marktkultur.

14 Vgl. Tompkins, Orchestrating Identity; Irmgard Jungmann, Kalter Krieg in der Musik: Eine Geschichte deutsch-deutscher Musikideologien, S. 137 ff.

15 Vgl. Wiedervereinigung und Systemwechsel versus Bewahrung kultureller Substanz? Gerald Mertens im Gespräch mit Martin Eifler, in: Mertens (Hrsg.), Orchesterland Deutschland, S. 34; Allmendinger, Staatskultur und Marktkultur, S. 228, S. 240; dies./Hackman, Organizations in a Changing World, S. 350; zur „Arbeitsgesellschaft DDR" vgl. Martin Kohli, Die DDR als Arbeitsgesellschaft? Arbeit, Lebenslauf und soziale Differenzierung, in: Hartmut Kaelble/Jürgen Kocka/Hartmut Zwahr (Hrsg.), Sozialgeschichte der DDR, Stuttgart 1994, S. 31–60.

16 Gerald Mertens im Gespräch mit Martin Eifler, S. 34.

17 Arnold Jacobshagen, 30 Jahre Strukturwandel der Orchesterlandschaft. Hat die kulturelle Substanz Schaden genommen?, in: Mertens (Hrsg.), Orchesterland Deutschland, S. 14; zur Grundlage für die Berechnung des Bevölkerungsanteils Ostdeutschlands vgl. Statistisches Bundesamt: Bevölkerung – Zahl der Einwohner in Ost- und Westdeutschland von 1991 bis 2022, 20.6.2023, in: Statista, https://de.statista.com/statistik/daten/studie/1058231/umfrage/zahl-der-einwohner-in-ost-und-west deutschland. – Die Weblinks in diesem Band wurden zuletzt am 1.7.2024 aufgerufen und geprüft.

18 Vgl. zur wirtschaftlichen Entwicklung: Marcus Böick/Christoph Lorke, Zwischen Aufschwung und Anpassung. Eine kleine Geschichte des „Aufbau Ost", Bonn 2022.

19 Maria Davydchik, Transformation der Kulturpolitik. Kulturpolitische Veränderungen nach dem Zusammenbruch des sozialistischen Systems in Mittel- und Osteuropa, Wiesbaden 2011, S. 126.

20 Gerald Mertens, Deutsche Orchesterlandschaft – quo vadis?, in: Norbert Sievers/Patrick S. Föhl/Tobias J. Knoblich (Hrsg.), Jahrbuch für Kulturpolitik 2015/16. Transformatorische Kulturpolitik, Bielefeld 2016, S. 211.

21 Vgl. Böick/Lorke, Aufbau Ost, S. 13–16, S. 33 f.

22 Philipp Ther, Die neue Ordnung auf dem alten Kontinent. Eine Geschichte des neoliberalen Europa, Berlin 2014, S. 13.

23 Jacobshagen, 30 Jahre Strukturwandel der Orchesterlandschaft, S. 20. Die Zahl von 18 Orchestern und die darauf basierende Rechnung ergibt sich aus den dort genannten elf „großen Orchestern" und den sieben ebenfalls erwähnten kleineren Ensembles, die bereits 1990 aufgelöst wurden.

24 Vgl. etwa Michael Lemke (Hrsg.), Schaufenster der Systemkonkurrenz. Die Region Berlin-Brandenburg im Kalten Krieg, Köln 2006.
25 Ulrich Roloff-Momin, Zuletzt: Kultur, Berlin 1997, S. 219–225.
26 Ther, Die neue Ordnung, S. 201–209.
27 Roloff-Momin, Zuletzt: Kultur.
28 Eberhard Diepgen, Die Insel wird Festland, in: ders. (Hrsg.), Erlebte Einheit. Ein deutsches Lesebuch, Berlin/Frankfurt a. M. 1995, S. 7–42; Scott H. Krause, Bringing Cold War Democracy to West Berlin. A Shared German-American Project, 1940–1972, London/New York 2019.
29 Interview Eberhard Diepgen, 18. 4. 2023.
30 Allmendinger, Staatskultur und Marktkultur; Gerald Mertens, Am Anfang war die Musik. Die Bedeutung des öffentlich-rechtlichen Rundfunks für die deutsche Orchester- und Musikkultur, in: das Orchester 11 (2008), S. 26–29; Arnold Jacobshagen, Strukturwandel der Orchesterlandschaft: Die Kulturorchester im wiedervereinigten Deutschland, Köln 2000.
31 John Rockwell, “Radio Orchestras – A German Tradition”, in: New York Times, 11. 2. 1979.
32 Zit. nach: Amy C. Beal, The Army, the Airwaves, and the Avant-Garde: American Classical Music in Postwar West Germany, in: American Music 21 (2003) 4, S. 486 f. Die Originalzitate lauten: “Every radio station has their orchestra. The best orchestras are the radio orchestras” und “Without the radio, the intense musical life of present-day Europe would be unthinkable”.
33 Beal, The Army, the Airwaves, and the Avant-Garde; Mertens, Am Anfang war die Musik.
34 Interview Hans-Hermann Rehberg, 16. 5. 2023; vgl. auch Interview Martin Eifler, 22. 5. 2023.
35 Vgl. Jacobshagen, 30 Jahre Strukturwandel der Orchesterlandschaft, S. 15, S. 22. Rechengrundlage bildet eine vom Autor erstellte Tabelle und dessen Hinweis, dass in dieser die vor 1992 liquidierten Rundfunkklangkörper, die beiden ostdeutschen Tanzorchester, nicht berücksichtigt werden.
36 Vgl. Frank Bösch/Christoph Classen, Bridge over troubled Water? Deutsch-deutsche Massenmedien, in: Frank Bösch, Geteilte Geschichte. Ost- und Westdeutschland 1970–2000, Göttingen 2015, S. 485–488; Wolfgang Darschin/Camille Zubayr, Warum sehen die Ostdeutschen anders fern als die Westdeutschen?, in: Media Perspektiven 6 (2000), S. 249–257; Gerlinde Frey-Vor/Inge Mohr, 25 Jahre Deutsche Einheit – Fernsehnutzung in Ost und West, in: Media Perspektiven 10 (2015), S. 453–469.

37 Helmut Kohl (1990), zit. nach: Andreas Rödder, Deutschland einig Vaterland. Die Geschichte der Wiedervereinigung, München 2008, S. 199.

38 Sylvia Dietl, Transformation und Neustrukturierung des DDR-Rundfunks im Prozess der Wiedervereinigung Deutschlands. Akteure, Interessen, Prozesse (Beiträge zur Politikwissenschaft 20), München 2022.

39 Marcus Böick, Die Treuhand. Idee – Praxis – Erfahrung 1990–1994, Göttingen 2018, S. 105–115.

40 Für Darstellungen, die den politischen Handlungsdruck betonen und die Entscheidungsprozesse der westdeutschen Regierung fokussieren, vgl. etwa Gerhard A. Ritter, Der Preis der deutschen Einheit. Die Wiedervereinigung und die Krise des Sozialstaats, München 2006; Rödder, Deutschland einig Vaterland.

41 Vgl. umfassend zur Genese der Einrichtung: Dietl, Transformation und Neustrukturierung, S. 315–364. Zur Namensfindung vgl. ebenda, S. 329. Manfred Becker (SPD), Staatssekretär im letzten Medienministerium der DDR, gibt an, dass die Bezeichnung von ostdeutscher Seite angestrebt wurde, da sie im Gegensatz zum westdeutschen Vorschlag „Rundfunkanstalt“ den „Übergangscharakter“ besser darstellen würde. Vgl. das Oral-History-Interview mit Manfred Becker, in: Bundesstiftung Aufarbeitung (Hrsg.), „Von der Revolution zum Regieren“. Das Rundfunküberleitungsgesetz (RÜG),: https://deutsche-einheit-1990.de/ministerien/mfm/rueg/.

42 Wolfgang Schäuble (1991), zit. nach: Dietl, Transformation und Neustrukturierung, S. 341.

43 Dietl, Transformation und Neustrukturierung, S. 613.

44 Vgl. Marcus Böick/Constantin Goschler, Wahrnehmung und Bewertung der Arbeit der Treuhandanstalt, Bochum 2017 (Studie im Auftrag des Bundesministeriums für Wirtschaft und Energie), https://www.bmwk.de/Redaktion/DE/Publikationen/Studien/wahrnehmung-bewertung-der-arbeit-der-treuhandanstalt-lang.pdf?__blob=publicationFile&v=1.

45 Dietl, Transformation und Neustrukturierung, S. 404. Vgl. exemplarisch für die Einbettung der Einrichtung in das zeitgenössische Kolonialisierungsnarrativ: Lars von Törne, Mühlfenzl oder Eine westdeutsche Medienpolitik nach Gutsherrenart, in: Wolfgang Dümcke/Fritz Vilmar (Hrsg.), Kolonialisierung der DDR. Kritische Analysen und Alternativen des Einigungsprozesses, 3. Aufl., Münster 1996, S. 299–317.

46 Vgl. etwa Rudolf Mühlfenzl, Überführung und Abwicklung – eine Bilanz zum Ende der Einrichtung. Rede zur letzten Sitzung des Rundfunkbeirats am 18.12.1991, in: Roland Tichy/Sylvia Dietl (Hrsg.), Deutschland einig Rundfunkland? Eine Dokumentation zur Wiedervereinigung des deutschen Rundfunksystems 1989–1991, München 2000, S. 155–158; ders.,

in: Peter Berger/Ursula Meves, Bloße Übernahme oder Neugründung? Medienexperten über die Zukunft von Funk und Fernsehen, in: Neues Deutschland, 12. 1. 1991.

47 Vgl. Tobias J. Knoblich, Der Artikel 35 des Einigungsvertrages und seine kulturpolitisch-konzeptionellen Folgen für die gesamte Bundesrepublik, in: Institut für Kulturpolitik der Kulturpolitischen Gesellschaft (Hrsg.), Jahrbuch für Kulturpolitik 2012. Neue Kulturpolitik der Länder, Essen 2012, S. 35–43.

48 Ulf Großmann, Soviel Anfang war nie – Kulturpolitik nach der „Wende". Entwicklung der kulturellen Infrastruktur in den alten und neuen Bundesländern, in: Sievers et al. (Hrsg.), Jahrbuch für Kulturpolitik 2015/16, S. 100. Vgl. Anton Pfeifer, Die Kulturpolitik der Bundesregierung unter Helmut Kohl im Zeichen der deutschen und europäischen Einigung, in: Günther Buchstab/Hans-Otto Kleinmann/Hanns Jürgen Küsters (Hrsg.), Die Ära Kohl im Gespräch. Eine Zwischenbilanz, Köln/Weimar/Wien 2010, S. 252 ff.

49 Mertens, Deutsche Orchesterlandschaft, S. 214.

50 Vgl. Udo Reiter, Die Gründung des Mitteldeutschen Rundfunks (MDR), in: Tichy/Dietl (Hrsg.), Deutschland einig Rundfunkland?, S. 173 ff.; Dietl, Transformation und Neustrukturierung, S. 431.

51 Dietl, Transformation und Neustrukturierung, S. 194; Ansgar Diller, Der Nationale Hörfunk, in: Dietrich Schwarzkopf (Hrsg.), Rundfunkpolitik in Deutschland, Bd. 2, München 1999, S. 987.

52 Vgl. Pia Deutsch, Identitäten im Umbruch. Das Deutschlandradio als „Nationaler Hörfunk", 1989–1994, Bielefeld 2020, hier S. 42; Herbert Kundler, RIAS Berlin. Eine Radiostation in einer geteilten Stadt. Programme und Menschen: Texte – Bilder – Dokumente, Berlin 2002.

Spiel ums Überleben

1 Vgl. Mandy Tröger, Pressefrühling und Profit. Wie westdeutsche Verlage 1989/1990 den Osten eroberten, Köln 2019.

2 „Dieter Stolte. Ein offenes Gespräch mit Europas mächtigstem Fernsehmann über Zaster, Zoff und die Zukunft des ZDF. Interview", in: Playboy 2/1990, S. 42.

3 Vgl. Diller, Der Nationale Hörfunk, S. 1001 f.; Dietl, Transformation und Neustrukturierung, S. 309 ff.; Deutsch, Identitäten im Umbruch, S. 72; Dieter Stolte, Ein Blick zurück mit Wehmut und doch mit Stolz, in: Manfred Jenke (Hrsg.), Bundesweit und werbefrei. Zehn Jahre DeutschlandRadio, Berlin 2003, S. 11 f.

4 Zit. nach: Bundeszentrale für politische Bildung (Hrsg.), Tele-Visionen. Gründung des ZDF, https://www.bpb.de/medien/146833/GuS_10_ZDF_Gruendung.pdf.

5 Vgl. Helmut Drück, RIAS Berlin am Vorabend der deutschen Vereinigung. Überlegungen zur Zukunft des Senders, 13.3.1990 (DRA, F602-00-00/0076).

6 Interview Helmut Drück, 12.6.2023.

7 Orchestervorstand Joachim Pliquett an Kultursenatorin Anke Martiny, 10.10.1990 (SV).

8 Vgl. Helmut Drück, US-Reise vom 1. bis 6. April 1990, Washington und New York City, 11.4.1990 (DRA, F602-00-00/0076); ders., Zukunft von RIAS Berlin. Bund-Länder-Verhandlungen, August 1990 (DRA, F602-00-00/0076); Nils Diederich, „Die Zukunft des RIAS klären. Zur Notwendigkeit, dem Sender neue Aufgaben zu übertragen", in: Sozialdemokratischer Pressedienst, 31.1.1990, S. 4f.

9 Von dem nicht durch anstaltseigenes Kapital gedeckten Fehlbetrag von über 153 Mio. DM im Jahr 1991 wurden so nur 96,5 Mio. DM durch den Finanzausgleich gedeckt. Vgl. ARD (Hrsg.), ARD-Jahrbuch 92, Frankfurt a.M. 1992, S. 336, S. 350; Dietl, Transformation und Neustrukturierung, S. 538.

10 Vgl. Plenarprotokoll des Abgeordnetenhauses von Berlin, 11. WP, 34. Sitzung (28.6.1990); Dietl, Transformation und Neustrukturierung, S. 294f., S. 560.

11 Vgl. Vernon A. Walters an Helmut Kohl, 27.6.1990 (DRA, F602-00-00/0076).

12 Vgl. ARD-Untersuchung bestätigt Spitzenstellung von RIAS-Berlin in der DDR, 28.6.1990 (DRA, F602-00-00/0076); Zwei, die zusammengehören RIAS und Berlin, o.D. (F602-04-00/0081); Dietl, Transformation und Neustrukturierung, S. 123.

13 Helmut Drück, Zukunft von RIAS Berlin. Bund-Länder-Verhandlungen, August 1990 (DRA, F602-00-00/0076).

14 Vgl. Krause, Bringing Cold War Democracy to West Berlin.

15 Vgl. Habakuk Traber, Moderne ohne Dogma, in: ders./Roman Hinke/Peter Zimmermann, (Hrsg.), Stimmungswandel. Ein Portrait des RIAS Kammerchors, Berlin 1998, S. 30f.; ders., Der Rundfunk und der Chor – eine kleine Skizze zur Mediengeschichte, in: ebenda, S. 22f.; David Monod, Settling Scores. German Music, Denazification, and the Americans, 1945–1953, Chapel Hill/London 2006; Alex Ross, The Rest is Noise. Das 20. Jahrhundert hören, München 2013, S. 381–393.

16 Interview Helmut Drück, 12.6.2023.

17 Lutz von Pufendorf, zit. nach: Kundler, RIAS Berlin, S. 152; vgl. auch Lutz von Pufendorf, Vorwort, in: Traber et al. (Hrsg.), Stimmungswandel, S. 6.

18 Hans-Ludwig Feldgen, „Band läuft", in: Habakuk Traber (Hrsg.), Das andere Orchester. Zur Geschichte des Deutschen Symphonie-Orchesters Berlin, Berlin 1998, S. 56f.

19 David E. Barclay, Kein neuer Mythos. Das letzte Jahrzehnt West-Berlins, in: APuZ 65 (2015) 46, S. 37–42; ders., A "Complicated Contrivance" West Berlin behind the Wall 1971–1989, in: Marc Silberman et al. (Hrsg.), Walls, Borders, Boundaries. Spatial and Cultural Practices in Europe, New York/Oxford 2012, S. 113–130.

20 Rolf Schneider, „Wer eine Lobby hat, darf senden", in: Der Tagesspiegel, 24.1.1992 (DRA, F602-04-00/0081).

21 Mit RIAS in die Zukunft. Offener Brief von Schriftstellern an die Ministerpräsidenten der Länder, 11.2.1992; Offener Brief der Freunde des RIAS Berlin an die Ministerpräsidenten der Länder, o.D. (DRA, F602-04-00/0081).

22 Staatssekretär Hanns Kirchner an Chef der Senatskanzlei Dieter Schröder, 15.10.1990 (SV); Martiny, Zuordnung des RIAS und Neuordnung der Rundfunklandschaft. Zur Vorbereitung auf die Sitzung der Ministerpräsidenten in Hannover, 17.10.1990 (SV).

23 Vgl. Kundler, RIAS Berlin, S. 152–157; Lutz von Pufendorf, Jeder Tag kann ein Fest sein, oder: Aufstieg aus einer Katastrophe, in: Traber (Hrsg.), Das andere Orchester, S. 30–35; Heiner Stahl, Jugendradio im Kalten Ätherkrieg. Berlin als eine Klanglandschaft des Pop (1962–1973), Berlin 2010, S. 136.

24 Vgl. Staatssekretär Kirchner an Chef der Senatskanzlei Schröder, 15.10.1990 (SV), hier auch das Zitat; Neuordnung der Rundfunklandschaft, insbesondere RSO Berlin GmbH, 14.1.1993, S. 3 (SV); Lutz von Pufendorf an Dieter Stolte, 30.7.1991 (SV); Gesellschaftervertrag der ROC GmbH vom 14.6.1993, § 1 (DRA, F702-00-00/0067).

25 Eberhard Wangemann, Ein Stück Orchestergeschichte – von einem, der dabei war, in: Traber (Hrsg.), Das andere Orchester, S. 95–108.

26 Vgl. Dietl, Transformation und Neustrukturierung, S. 287ff., S. 297–302.

27 Rechtlich behielt die US-Regierung nach dem Ende des Besatzungsstatuts übergangsweise die Oberaufsicht über den RIAS, wie in einem diplomatischen Notenwechsel mit der Bundesregierung vereinbart worden war. In „innerstaatlichen" Angelegenheiten beanspruchte jedoch das Innenministerium die Regelungskompetenz; vgl. Dietl, Transformation und Neustrukturierung, S. 559, S. 567.

28 Herbert Kundler und Heinz Odermann, Die Erhaltung der kulturellen Funktion der Hauptstadt Berlin als Faktor der Neuordnung des Rundfunkwesens. Stellungnahme der Sachverständigengruppe Medienordnung der AG 5 (Kulturelle Angelegenheiten) des Provisorischen Regionalausschusses Berlin. Arbeitsgruppe „Zentrale Künstlerische Produktion", 20. 9. 1990 (SV).

29 Staatssekretär Kirchner an Chef der Senatskanzlei Schröder, 15. 10. 1990 (SV).

30 Vgl. Dietl, Transformation und Neustrukturierung, S. 263–269; Vertrag über die Schaffung einer Währungs-, Wirtschafts- und Sozialunion zwischen der Bundesrepublik Deutschland und der Deutschen Demokratischen Republik (Bonn, 18. 5. 1990), in: BGBl II 20/1990, Art. 27 und 28.

31 Vgl. Deutsch, Identitäten im Umbruch, S. 60, S. 85–91, hier S. 89; Ernst Elitz, Erhofftes und Erreichtes, in: Jenke (Hrsg.), Bundesweit und werbefrei, S. 38; Dietl, Transformation und Neustrukturierung, S. 250 f.

32 Dietl, Transformation und Neustrukturierung, S. 379; Deutsch, Identitäten im Umbruch, S. 85.

33 Zit. nach: ROC GmbH (Hrsg.), Rundfunk Sinfonieorchester Berlin 1923–1998, Berlin 1998, S. 135.

34 Vgl. Tompkins, Orchestrating Identity; Kelly, Composing the Canon; dies./Amy Wlodarski, Introduction, in: dies. (Hrsg.), Art Outside the Lines. New Perspectives on GDR Art Culture, Leiden 2011, S. 1–18; Laura Silverberg, 'Monopol der Diskussion?' Alternative Voices in the Verband Deutscher Komponisten und Musikwissenschaftler, in: ebenda, S. 193–211; Dietrich, Kulturgeschichte der DDR; zu den Auslandskonzerten des RSB vgl. Maria Rinnerthaler, Selbst- und Fremdbild des Rundfunk-Sinfonieorchesters Berlin in der DDR. Inszenierung und Rezeption von Gastkonzerten im Spiegel der Presse, in: Steffen Georgi et al. (Hrsg.), Musizieren für das Radio, Würzburg 2023, S. 171–188.

35 ROC GmbH (Hrsg.), RSB 1923–1998, S. 97.

36 Orchestervorstand Joachim Jeitner an Walter Momper, 1. 10. 1990 (SV).

37 Resolution vom 27. 9. 1989, abgedruckt in: ROC GmbH (Hrsg.), RSB 1923–1998, S. 120.

38 Zum Konzert für die Opfer des Stalinismus vgl. Marie Luise Voß, Das Rundfunk-Sinfonieorchester Berlin und Beethovens Neunte Sinfonie als Institution im Spiegel der Deutschen Geschichte, in: Georgi et al. (Hrsg.), Musizieren für das Radio, S. 163–166.

39 Edith Spielhagen an Kultursenatorin Martiny, Thesen des Hörfunkrats zu den Klangkörpern des Rundfunks in Berlin und Leipzig, 12. 10. 1990, Thesen vom 23. 9. 1990 (SV).

40 Steffen Georgi et al., RSB-Programmbroschüre 2023/2024, Berlin 2023; ROC GmbH (Hrsg.), RSB 1923–1998, S. 26; zur Verbindung von Orchester- und Rundfunkgeschichte vgl. Georgi et al. (Hrsg.), Musizieren für das Radio.
41 Mertens, Am Anfang war die Musik, S. 26; ROC GmbH (Hrsg.), RSB 1923–1998, S. 26–45.
42 ROC GmbH (Hrsg.), RSB 1923–1998, S. 101.
43 Interview Hans-Hermann Rehberg, 16. 5. 2023.
44 Dagmar Slawski, „Chor sang geradezu um sein Überleben", in: Lübecker Nachrichten, 11. 7. 1990 (SV).
45 Interview Hans-Hermann Rehberg, 16. 5. 2023.
46 Gesellschaft der Freunde des Rundfunk-Chores Berlin an Kultursenatorin Martiny, 15. 8. 1991 (SV).
47 Roland Tichy, Überführungskonzept DS-Kultur, 19. 8. 1991, in: Tichy/Dietl (Hrsg.), Deutschland einig Rundfunkland?, S. 350.
48 Kundler und Odermann, Die Erhaltung der kulturellen Funktion der Hauptstadt Berlin als Faktor der Neuordnung des Rundfunkwesens. Stellungnahme der Sachverständigengruppe Medienordnung der AG 5 (Kulturelle Angelegenheiten) des Provisorischen Regionalausschusses Berlin. Arbeitsgruppe „Zentrale Künstlerische Produktion", 20. 9. 1990 (SV).
49 Kundler, Radio Symphonie Orchester Berlin – Fragen der Zukunftssicherung, 12. 9. 1990 (SV).
50 Sachverständigengruppe „Medienordnung" der Arbeitsgruppe V (Kulturelle Angelegenheiten) des provisorischen Regionalausschusses Berlin: Empfehlungen für eine Rundfunkkonzeption in Berlin und in Brandenburg vom 28. 11. 1990 (SV); Dietl, Transformation und Neustrukturierung, S. 295 ff.
51 Deutsch, Identitäten im Umbruch, S. 73; siehe auch Dietl, Transformation und Neustrukturierung, S. 566 ff.; Axel Reetz, Der Aufbau einer föderalistischen Rundfunkstruktur in den neuen Ländern; Kompromißpapier und Beschlußvorlage „Bundesrundfunkanstalten" der Ministerpräsidenten Max Streibl (Bayern) und Björn Engholm (Schleswig-Holstein) zur Jahreskonferenz der Ministerpräsidenten am 18./19. 10. in Hannover; dokumentiert in: Funk-Korrespondenz 42, 19. 10. 1990.
52 Ebenda, S. 575.
53 Dietl, Transformation und Neustrukturierung, S. 574 f.
54 Deutsch, Identitäten im Umbruch, S. 76.
55 Ebenda, S. 75; Dietl, Transformation und Neustrukturierung, S. 576 f.
56 Dietl, Transformation und Neustrukturierung, S. 577.

57 So Interview Helmut Drück, 12.6.2023. Anders dagegen Interview Christoph Singelnstein, 18.4.2023.

58 Siehe dazu Dietl, Transformation und Neustrukturierung, S. 431 f.; sowie Interview Rudolf Mühlfenzl, in: Günther von Lojewski/Axel Zerdick (Hrsg.), Rundfunkwende. Der Umbruch des deutschen Rundfunksystems nach 1989 aus Sicht der Akteure, Berlin 2000, S. 237–276.

59 Siehe etwa Vermerk, vermutlich Martiny, 17.10.90 (SV).

60 Rudolf Mühlfenzl an Angela Merkel, 26.8.1991 (ZDF-Unternehmensarchiv, Bestand Verwaltungsdirektor, Sign. 7/1014); siehe auch Peter Berger/Ursula Meves, „Bloße Übernahme oder Neugründung? Medienexperten über die Zukunft von Funk und Fernsehen", in: Neues Deutschland, 12.1.1991; Mühlfenzl, Überführung und Abwicklung.

61 RSO-Intendant Elmar Weingarten an Kultursenator Roloff-Momin, 5.7.1991 (SV).

62 Ebenda; siehe dazu auch Weingarten an Ltd. Senatsrat Dietrich Fischer, 8.7.1991 (SV).

63 Handschriftlicher Brief (Fax) Ashkenazy an Roloff-Momin, 7.7.1991 (SV). Zitat im Original: "On top of it, the RSO'S broadcasts will be limited to Berlin only, whereas another, less important Berlin orchestra will be heard on the radio all over Germany; it will put the RSO in a position of an unwanted stepchild. […] You will […] realize that if such a situation were to become a reality, there would be no point for me to continue working with this orchestra."

64 Weingarten an Kultursenator Roloff-Momin, 5.7.1991 (SV).

65 Weingarten an Ltd. Senatsrat Fischer, 8.7.1991 (SV).

66 Siehe dazu etwa das Interview Christoph Singelnstein, 18.4.2023.

67 Siehe dazu z.B. SenKult (Senatsverwaltung für Kulturelle Angelegenheiten), III C, III Abtl. L an CdS Staatssekretär Volker Kähne, Vorentwürfe, 12.7.1991 bis 15.7.1991, Betr: Vereinbarung der Ministerpräsidenten vom 4.7.1991 über bundesweiten Hörfunk, hier Klangkörper (SV); SenKult Anlage, gef. 15.7.91, Denkmodell für den Erhalt der Rundfunk Klangkörper in Berlin, Entwurf der Senatsverwaltung für kulturelle Angelegenheiten III C, nicht abgestimmt mit Organen oder Organmitgliedern der Berliner Festspiele GmbH (SV).

68 von Pufendorf an Stolte, 30.7.1991 (SV); Jasper Parrott an den Regierenden Bürgermeister Eberhard Diepgen, 9.8.1991 (SV); Notiz von Weingarten vom 22.8.1991 für Staatsminister Anton Pfeifer zur Situation des Radio-Symphonie-Orchesters Berlin (SV).

69 Weingarten, 22.8.1991, Notiz für Herrn Staatsminister Anton Pfeifer zu Situation des Radio-Symphonie-Orchesters Berlin (SV).

70 Winfried Fest (Senatskanzlei) an Senator Roloff-Momin [o. D.], Anlage: Dr. Joachim Braun (früher SFB, jetzt ZDF) an Stolte, 9.9.1991 (SV).
71 Ebenda.
72 RSO GmbH, Protokoll der 41. Sitzung des Kuratoriums am 10.9.1991, 8.10.1991 (SV).
73 Ebenda.
74 Ebenda.
75 Klaus Geitel, „Berliner Radio-Symphonie-Orchester droht das musikalische Aus. Bequemes Mittelmaß in Schilda", in: Die Welt, 16.9.1991.
76 Stolte an Weingarten, 20.9.1991 (SV).
77 Rolf Dünnwald (Deutsche Orchestervereinigung, DOV) an Diepgen, 20.9.1991 (SV).
78 Dünnwald (DOV) an die Leiter der Staatskanzleien der neuen Bundesländer und der Senatskanzlei Berlin, 4.9.1991 (SV).
79 Diepgen an Dünnwald, 20.9.1991 (SV).
80 von Pufendorf (Ferenc-Fricsay-Gesellschaft) an Diepgen, 3.10.1991 (SV).
81 Siehe etwa Weingarten an Diepgen, Anschreiben und Entwurf Brief Diepgen an Ashkenazy, 17.9.1991 (SV).
82 Fax Thomas Rothkegel, Senatskanzlei, 17.10.1991, Betr: Konzeption für die künftige Trägerschaft des RSO und des RSB (SV); siehe auch SenKult III C, Vermerk, 24.10.1991, gez. Bernd Mehlitz, Betr.: Gespräch mit dem Herrn Regierenden Bürgermeister am 26.10.1991 (SV).
83 Siehe dazu SenKult III C, Vermerk, 24.10.1991, gez. Mehlitz, Betr.: Gespräch mit dem Herrn Regierenden Bürgermeister am 26.10.1991 (SV).
84 Ashkenazy über Parrott an Diepgen, 17.10.1991 (SV); zum Forderungskatalog Ashkenazys siehe handschriftliche Notiz, Paraphe Plasa, 16.12. 1991: Zum Gespräch mit Dr. Weingarten am 17.12.1991, Anlage 1: Zusammenfassung der Forderungen von Herrn Ashkenazy (SV).
85 Brief Diepgen an Ashkenazy, 14.1.1992 (SV).
86 Ergebnisprotokoll über die Fortführung von DS-Kultur ab 1. Januar 1992 in Köln am 24. Oktober 1991, in: Tichy/Dietl (Hrsg.), Deutschland einig Rundfunkland?, S. 358.
87 von Lojewski an Roloff-Momin, 26.5.1992 (SV).
88 Siehe Offener Brief von Uwe Gronostay, 16.9.1991 (SV); Vorstand des Rundfunkchors an Roloff-Momin, 19.3.1992 (SV); siehe auch Interview Hans-Hermann Rehberg, 16.5.2023.
89 Silke Röbenack, Der lange Weg zur Einheit. Die Entwicklung der Arbeitslosigkeit in Ost- und Westdeutschland, Bonn, Bundeszentrale für politische Bildung, 15.10.2020, https://www.bpb.de/geschichte/deutsche-einheit/lange-wege-der-deutschen-einheit/47242/arbeitslosigkeit; Böick/Lorke, Zwischen Aufschwung und Anpassung, S. 66f.

90 SKzl (Senatskanzlei) II C, Vermerk [Rothkegel?], 23.4.1992, Betr: Neuordnung des bundesweiten Hörfunks (SV).

91 Zur Kunst-Frage siehe Interview Hans-Hermann Rehberg, 16.5.2023.

92 SKzl II C, gez. Rothkegel, 29.4.1992, Neuordnung des Bundesrundfunks, Ergebnisniederschrift der Bund-Länder-Besprechung am 24.4.1992 (Anlage 1) (SV).

93 Helmut Stern und Rudolf Watzle, Orchestervorstand Berliner Philharmonisches Orchester an Bundeskanzler Helmut Kohl, 24.8.1992 (SV).

94 von Lojewski an Roloff-Momin, 26.5.1992 (SV).

95 Kähne an Roloff-Momin, 3.6.1992 (SV); Sachstandsbericht Deutschlandsender Kultur für den Zeitraum 1.6.92 bis 31.8.92 für die Sitzung des ZDF-Fernsehrates am 11. September (Stand 14.8.1992), in: Dietl, Transformation und Neustrukturierung, S. 595; Sachstandsbericht Deutschlandsender Kultur für den Zeitraum 1.6.92 bis 31.8.92 für die Sitzung des ZDF-Fernsehrates am 11. September (Stand 14.8.1992, Unternehmensarchiv Deutschlandradio, Funkhaus Köln, Ordner: „Schriftwechsel mit dem ZDF"); siehe auch Interview Hans-Hermann Rehberg, 16.5.2023.

96 Frank Bösch, Vorreiter der Privatisierung. Die Einführung des kommerziellen Rundfunks, in: Norbert Frei/Dietmar Süß (Hrsg.), Privatisierung. Idee und Praxis seit den 1970er Jahren, Göttingen 2012, S. 88–107.

97 Interview Wilhelm Matejka, 14.6.2023.

98 von Lojewski an Roloff-Momin, 22.6.1992 (SV); Drück an Roloff-Momin, 24.6.1992 (SV).

99 Zit. nach: Sachstandsbericht Deutschlandsender Kultur für den Zeitraum 1.6.92 bis 31.8.92 für die Sitzung des ZDF-Fernsehrates am 11. September (Stand 14.8.1992, Unternehmensarchiv Deutschlandradio, Funkhaus Köln, Ordner: „Schriftwechsel mit dem ZDF").

Fünf in eins

1 BPA, Pressemitteilung, Nr. 187/93, 12.5.1993 (DRA, F702-00-00/0067); vgl. auch Markus Lingen, Anton Pfeifer, https://www.kas.de/de/web/geschichte-der-cdu/personen/biogramm-detail/-/content/anton-pfeifer-v1.

2 Elmar Weingarten, Stellungnahme zum Stand der Verhandlungen über die sogenannte ‚Klangkörper GmbH' des ‚bundesweiten Hörfunks', 21.5.1993 (DRA, F704-06-00/004).

3 Vgl. Bernd Feuchter, „Aufruf zur Selbstzerfleischung", in: Der Tagesspiegel, 22.5.1993; „Identität und Existenz werden massiv bedroht", in: Berliner Morgenpost, 22.5.1993; „RSO lehnt Pläne für Klangkörper GmbH ab", in: Neue Zeit, 24.5.1993; „Posaune ist Posaune", in: Die Welt,

24. 5. 1993; „Verletzt. Fusionsängste des Berliner RSO", in: FAZ, 24. 5. 1993 (DRA, Pressearchiv).

4 Gideon Rosengarten an Drück, 25. 5. 1993 (DRA, F704-06-00/004).

5 Vgl. Dietl, Transformation und Neustrukturierung, S. 595; Deutsch, Identitäten im Umbruch, S. 92–95.

6 Vgl. Ministerpräsidentenkonferenz am 25. 6. 1992 in Bonn. Ergebnisprotokoll. Top 1.2: Neuordnung des bundesweiten Rundfunks (Unternehmensarchiv Deutschlandradio, Funkhaus Köln, Ordner: Gründungsausschuss); Beschluss der Regierungschefs der Länder zur Neuordnung der Bundesrundfunkanstalten einschließlich RIAS und DS Kultur vom 4. Juli 1991 anlässlich der Ministerpräsidentenkonferenz in Bonn, in: Tichy/Dietl (Hrsg.), Deutschland einig Rundfunkland?, S. 345.

7 Ergebnisniederschrift über die konstituierende Sitzung des Gründungsausschusses zum bundesweiten Hörfunk am 22. 10. 1992, 26. 10. 1992 (Unternehmensarchiv Deutschlandradio, Funkhaus Köln, Ordner: Gründungsausschuss), S. 6.

8 Ergebnisniederschrift über die konstituierende Sitzung des Unterausschusses Verwaltung/Finanzen des Gründungsausschusses für den bundesweiten Hörfunk am 19. 11. 1992, 25. 11. 1992 (Unternehmensarchiv Deutschlandradio, Funkhaus Köln, Ordner: Gründungsausschuss).

9 dpa-Meldung, 24. 11. 1992; Drück an die Mitglieder des Gründungsausschusses, 27. 11. 1992 (DRA, F702-00-00/0031).

10 Dünnwald an die Mitglieder des Gründungsausschusses, 23. 11. 1992 (DRA, F702-00-00/0031).

11 Vgl. Programm- und Personalkonzept für bundesweiten Hörfunk, vorgelegt im Auftrag des Rundfunkrats des Deutschlandfunks, 3. 9. 1992, S. 27 f. (DRA, F704-06-00/004); Protokollentwurf der 2. Sitzung des Unterausschusses Programm des Gründungsausschusses „Bundesweiter Hörfunk" am 11. 1. 1993, 18. 1. 1993 (Unternehmensarchiv Deutschlandradio, Funkhaus Köln, Ordner: Gründungsausschuss).

12 Rundfunkfinanzierungsstaatsvertrag vom 25. 9. 1991, Artikel 3, https://www.transparenz.bremen.de/metainformationen/rundfunkfinanzierungsstaatsvertrag-vom-31-august-1991-73821?asl=bremen203_tpgesetz.c.55340.de&template=20_gp_ifg_meta_detail_d.

13 Vgl. Deutsch, Identitäten im Umbruch, S. 57–100 (pass.).

14 Vorstand des Rundfunkchors Berlin an Roloff-Momin, Öffentlicher Brief, 19. 3. 1994 (SV).

15 Drück an Gerti Peters, 19. 11. 1992; Drück an die Mitglieder des Gründungsausschusses. Anlage: Erklärung Drücks vom 26. 11. 1992, 27. 11. 1992 (DRA, F 702-00-00/0031).

16 Ergebnisniederschrift über die Verhandlung zwischen Bund und Ländern zur Überleitung von DLF und RIAS am 21.12.1992 in Bonn; 22.12.1992 (SV).

17 Die vom BMI akzeptierte Option, RIAS Kammerchor und RTO über die Deutsche Welle weiterzubetreiben, schloss Drück zumindest für den Chor aus, da dieser auf die Klangqualität der UKW-Übertragung angewiesen sei, die der Auslandsrundfunk der DW nicht nutzen konnte. Vgl. Drück an Roloff-Momin, 24.6.1992 (SV); Drück an Peters, 19.11.1992 (SV).

18 Vgl. von Lojewski an Roloff-Momin, 22.6.1992; SenKult III an Roloff-Momin, 14.1.1993 (SV); Interview Wilhelm Matejka, 14.6.2023.

19 Vgl. Deutscher Bundestag, Bericht des Haushaltsausschusses (8. Ausschuss) vom 27.11.1991, BT-Drs. 12/1601, S. 31.

20 Interview Martin Eifler, 22.5.2023.

21 Gideon Rosengarten an Drück, Gesprächsnotiz mit Dr. Peters von der Kulturabteilung des BMI und Herrn Eifler vom Musikreferat, 19.1.1993 (DRA, F704-06-00/004).

22 SenKult III, Vermerk: Orchester für den Nationalen Hörfunk, 8.2.1993 (SV).

23 Verabschiedetes Protokoll der 1. Sitzung des Unterausschusses Programm des Gründungsausschusses für den bundesweiten Hörfunk 30.11.1992, 12.1.1993 (Unternehmensarchiv Deutschlandradio, Funkhaus Köln, Ordner: Gründungsausschuss).

24 Interview Matthias Sträßner, 12.6.2023; vgl. auch Matthias Sträßner, Orpheus spricht mit Amphion, in: Jenke (Hrsg.), Bundesweit und werbefrei, S. 107–120.

25 Interview Matthias Sträßner, 12.6.2023.

26 Matthias Sträßner, Klangkörper im Nationalen Rundfunk, 9.12.1992 (Unternehmensarchiv Deutschlandradio, Funkhaus Köln, Ordner: Gründungsausschuss), hier auch die Zitate.

27 Ergebnisniederschrift aus Sicht der Länder über das Bund-Länder-Arbeitsgespräch mit Gästen zur Übernahme von DLF und RIAS am 21.12.1992 in Bonn; 22.12.1992 (SV); Protokollentwurf der 2. Sitzung des Unterausschusses Programm des Gründungsausschusses „Bundesweiter Hörfunk" am 11.1.1993, 18.1.1993 (Unternehmensarchiv Deutschlandradio, Funkhaus Köln, Ordner: Gründungsausschuss).

28 Vgl. Roloff-Momin, Zuletzt: Kultur, S. 40, S. 93–97, S. 218–225; Dieter E. Zimmer, „Berliner Aufstände und Abgründe", in: Die Zeit, 10.9.1993.

29 SenKult III E 11, 14.1.1993 (SV); Bericht der Sachverständigengruppe Rundfunk/Medienordnung der Arbeitsgruppe V – Kultur – des

provisorischen Regionalausschusses, 1. 11. 1990 (SV); Interview Elmar Weingarten, 19. 4. 2023.

30 Roloff-Momin, Zuletzt: Kultur, S. 106.

31 Vgl. ebenda, S. 201–217; Elizabeth Janik, The Symphony of a Capital City. Controversies of Reunification in the Berlin Music Community, in: Carol A. Costabile-Heming/Rachel J. Halverson/Kristie A. Foell (Hrsg.), Berlin – The Symphony Continues. Orchestrating Architectural, Social, and Artistic Change in Germany's New Capital, Berlin/New York, S. 145–154.

32 Gedanken zum eigenständigen Profil des Rundfunk-Sinfonieorchesters Berlin, 20. 4. 1993 (DRA, DSK/00061).

33 Vgl. Dieter Schubert, Klangkörper. Zuarbeit zum Monatsbericht Juli 1992, 5. 8. 1992; Orchestervorstand Rundfunk-Orchester Berlin an die Mitglieder des Abgeordnetenhauses von Berlin, 16. 7. 1992; Dringlichkeitsantrag der PDS-Fraktion: Rundfunkorchester Berlin – Erhalt der kulturellen Substanz nach Artikel 35 des Einigungsvertrages, 17. 6. 1992; Orchestervorstand Rundfunk-Orchester Berlin an Eberhard Diepgen, 29. 6. 1992; Orchestervorstand des Berliner Philharmonischen Orchesters an Helmut Kohl, 26. 5. 1992 (DRA, NFL-GmbH, Ordner 37); Christine Bergmann an das Abgeordnetenhaus, Mitteilung über Erhalt des Rundfunkorchesters Berlin (ROB), 8. 7. 1992, Berliner Senat-Drs. 12/1730; SenKult III an Roloff-Momin, 1. 9. 1992; Wortprotokoll. Ausschuss für Kulturelle Angelegenheiten, 21. 9. 1992 (SV).

34 Vgl. SenKult III an Roloff-Momin, 14. 1. 1993; Weingarten an Kähne, 15. 1. 1993; Weingarten an Rothkegel, 4. 2. 1993 (SV).

35 Vgl. ebenda; SenKult III, Neuordnung der Rundfunklandschaft, insbesondere RSO Berlin GmbH, 14. 1. 1993 (SV).

36 SenKult III, handschriftliche Notiz zum Vorschlag der Länder vom 22. 1. 1993 (SV). Vgl. Drück, Vermerk, 25. 1. 1993 (DRA, F602-00-00/0076); SenKult III, handschriftliche Notiz, 3. 2. 1993 (SV).

37 Kähne an Roloff-Momin, 8. 2. 1993 (SV).

38 Roloff-Momin an Kähne, 1. Entwurf, 9. 2. 1993 (SV).

39 Roloff-Momin an Kähne, 9. 2. 1993 (SV).

40 SenKult III, handschriftlicher Vermerk, 9. 2. 1993 (SV).

41 SenKult III, Vermerk, Betr.: Bund-Länder-Kommission zum bundesweiten Hörfunk (Deutschlandradio) am 10. 2. 1993 in Mainz, 11. 2. 1993 (SV); Helmut Drück, Vermerk, 11. 2. 1993 (DRA, F702-00-00/0031).

42 Ergebnisniederschrift über die dritte Sitzung des Gründungsausschusses zum bundesweiten Hörfunk am 5. 2. 1993, 8. 2. 1993 (Unternehmensarchiv Deutschlandradio, Funkhaus Köln, Ordner: Gründungsausschuss);

Helmut Drück, Vermerk, Betr.: Bund-Länder-Besprechung am 10. 2. 1993, 11. 2. 1993 (DRA, F702-00-00/0031).

43 Ergebnisniederschrift über die 3. Sitzung des Gründungsausschusses zum bundesweiten Hörfunk am 5. 2. 1993 (Unternehmensarchiv Deutschlandradio, Funkhaus Köln, Ordner: Gründungsausschuss).

44 Vgl. Entwurf eines Gesellschaftervertrages für die Rundfunk-Orchester und -Chöre GmbH, 12. 2. 1993 (SV).

45 Vgl. Ergebnisniederschrift über die 4. Sitzung des Gründungsausschusses zum bundesweiten Hörfunk am 15. 3. 1993, 6. 4. 1993; Ergebnisniederschrift über die 5. Sitzung des Gründungsausschusses zum bundesweiten Hörfunk am 4. 5. 1993, 6. 5. 1993 (Unternehmensarchiv Deutschlandradio, Funkhaus Köln, Ordner: Gründungsausschuss).

46 Richard Jacoby, Zur Bedeutung von Klangkörpern für den Nationalen Hörfunk. Gutachterliche Äußerung unter besonderer Berücksichtigung von Kammerchor und Tanzorchester des RIAS Berlin, erstattet im Auftrage des RIAS Berlin, 22. 2. 1993 (DRA, F702-00-00/0031); vgl. auch die Korrespondenzen in: DRA, F702-00-00/0031, F702-00-00/0080 und F702-00-00/0081.

47 Helmut Drück, Vermerk vom 11. 2. 1993, Betr.: Treffen mit Generalsekretär der Jüdischen Gemeinde Berlins am 8. 2. 1993 (DRA, F702-00-00/0031).

48 Monika Künzel, 3. 4. 1993, Situationsbeschreibung DS Kultur (Unternehmensarchiv Deutschlandradio, Funkhaus Köln, Ordner: Gründungsausschuss).

49 Künzel an Wolfgang Thierse, 5. 4. 1993; Thierse an die Mitglieder des Gründungsausschusses, 7. 4. 1993 (Unternehmensarchiv Deutschlandradio, Funkhaus Köln, Ordner: Gründungsausschuss).

50 Joachim Jeitner (Orchestervorstand RSB) an Gründungsausschuss, 15. 2. 1993 (DRA, F702-00-00/0031).

51 Rüggeberg an die Justiziarinnen und Justiziare der Rundfunkanstalten der ARD, 11. 5. 1993 (DRA, F702-00-00/0067).

52 Vgl. Ergebnisniederschrift über die 3. Sitzung des Unterausschusses Verwaltung/Finanzen des Gründungsausschusses für den bundesweiten Hörfunk am 9. 3. 1993, 6. 4. 1993 (Unternehmensarchiv Deutschlandradio, Funkhaus Köln, Ordner: Gründungsausschuss); Gesellschaftervertrag der ROC GmbH vom 14. 6. 1993, § 5 (DRA, F702-00-00/0067).

53 Ergebnisniederschrift über die 7. Sitzung des Unterausschusses Verwaltung/Finanzen des Gründungsausschusses für den bundesweiten Hörfunk am 4. 6. 1993, 25. 6. 1993 (Unternehmensarchiv Deutschlandradio, Funkhaus Köln, Ordner: Gründungsausschuss); vgl. auch SenKult III an

Rudolf Sölch, 3.2.1994 (ZDF-Unternehmensarchiv, Bestand Verwaltungsdirektor, Sign. 7/1014).

54 Ergebnisniederschrift über die 4. Sitzung des Unterausschusses Verwaltung/Finanzen des Gründungsausschusses für den bundesweiten Hörfunk am 14.4.1993, 27.4.1993 (Unternehmensarchiv Deutschlandradio, Funkhaus Köln, Ordner: Gründungsausschuss).

55 Ergebnisniederschrift über die 7. Sitzung des Unterausschusses Verwaltung/Finanzen des Gründungsausschusses für den bundesweiten Hörfunk am 4.6.1993, 25.6.1993 (Unternehmensarchiv Deutschlandradio, Funkhaus Köln, Ordner: Gründungsausschuss).

56 Ebenda.

57 Ergebnisniederschrift über die 6. Sitzung des Gründungsausschusses zum bundesweiten Hörfunk am 4.6.1993, 7.6.1993 (Unternehmensarchiv Deutschlandradio, Funkhaus Köln, Ordner: Gründungsausschuss).

58 Kähne an die Mitglieder des Gründungsausschusses, 3.6.1993 (DRA, F702-00-00/0067).

59 Entwurf zur Neufassung des RSO-GmbH-Vertrages, 19.5.1993, § 2 (DRA, F704-06-00/004).

60 Gesellschaftsvertrag der ROC GmbH vom 14.6.1993, § 2 (DRA, F702-00-00/0067).

61 SFB, Abt. Allgemeine Verwaltung an Weingarten, 2.9.1994 (ZDF-Unternehmensarchiv, Bestand Verwaltungsdirektor, Sign. 7/1056)

62 „Berlin Orchestras merge to avoid closure", in: International Arts Manager, 12.11.1993, Originalzitat: "The two orchestras have a chance to survive until the capital has moved from Bonn to Berlin sometime around 1998" (DRA, F704-06-00/004).

63 Gesellschaftervertrag der ROC GmbH vom 14.6.1993, § 4 (DRA, F702-00-00/0067); vgl. Wolfgang Mittas an die Justiziarinnen und Justiziare der ARD-Rundfunkanstalten, RIAS und ZDF, 14.4.1993 (DRA, F705-00-00/020); SenKult V an Kähne, 23.2.1993 (SV); Ergebnisniederschrift über die fünfte Sitzung des Gründungsausschusses zum bundesweiten Hörfunk am 4.5.1993, 6.5.1993 (Unternehmensarchiv Deutschlandradio, Funkhaus Köln, Ordner: Gründungsausschuss).

64 Staatsvertrag über die Zusammenarbeit zwischen Berlin und Brandenburg im Bereich des Rundfunks vom 29. Februar 1992, zuletzt geändert durch Artikel 1 des Vierten Staatsvertrages (Gesetz vom 15.4.2009) vom 22. Januar 2009, § 15a, online unter: https://bravors.brandenburg.de/de/vertraege-237911.

65 Elmar Weingarten, Allgemeine Erläuterung zum Wirtschaftsplan 1994, 10.6.1994 (ZDF-Unternehmensarchiv, Bestand Verwaltungsdirektor, Sign. 7/1014).

66 Interview Wilhelm Matejka, 14.6.2023.
67 Protokoll zur 2. Sitzung des Kuratoriums am 23.6.1994, 12.8.1994 (ZDF-Unternehmensarchiv, Bestand Verwaltungsdirektor, Sign. 7/1056).
68 Protokoll der 7. Sitzung des Kuratoriums vom 22.11.1995, 25.1.1996 (ZDF-Unternehmensarchiv, Bestand Verwaltungsdirektor, Sign. 7/1078).
69 Protokoll zur 3. Sitzung des Kuratoriums am 13.10.1994; vgl. Protokoll zur 2. Sitzung des Kuratoriums am 23.6.1994, 12.8.1994 (ZDF-Unternehmensarchiv, Bestand Verwaltungsdirektor, Sign. 7/1056).
70 Protokoll der AG Wirtschaftsplan vom 16.2.1996; Wirtschaftsplanentwurf 1996, 13.3.1996; Protokoll der 8. Kuratoriumssitzung am 1.4.1996 (ZDF-Unternehmensarchiv, Bestand Verwaltungsdirektor, Sign. 7/1078).
71 Interview Martin Eifler, 22.5.2023.
72 Vgl. Gesellschaftervertrag der ROC GmbH vom 14.6.1993; Gesellschaftsvertrag der ROC GmbH vom 14.6.1993 (DRA, F702-00-00/0067); Carl-Eugen Eberle an die Mitglieder des Unterausschuss Verwaltung/Finanzen des Gründungsausschusses für den bundesweiten Hörfunk, 24.5.1993 (DRA, F702-00-00/0067).
73 Sölch an Peters, 31.1.1994 (ZDF-Unternehmensarchiv, Bestand Verwaltungsdirektor, Sign. 7/1014); Interview Martin Eifler, 22.5.2023.
74 Vgl. Art. 22, Abs. 1, GG; Gesetz zur Umsetzung des Beschlusses des Deutschen Bundestages vom 20.6.1991 zur Vollendung der Einheit Deutschlands, Art. 5, Abs. 2, https://www.bpb.de/themen/deutsche-einheit/20-jahre-hauptstadtbeschluss/39749/gesetz-zur-umsetzung-des-beschlusses-des-deutschen-bundestages-vom-20-juni-1991-zur-vollendung-der-einheit-deutschlands/.
75 Staatsvertrag zwischen der Bundesrepublik Deutschland und den Ländern über die Überleitung von Rechten und Pflichten des Deutschlandfunks und des RIAS Berlin auf die Körperschaft des öffentlichen Rechts „Deutschlandradio“ vom 17. Juni 1993, in: ARD (Hrsg.), ARD-Jahrbuch 93, Hamburg 1993, S. 348–351; vgl. auch Ergebnisniederschrift über die 3. Sitzung des Unterausschusses Verwaltung/Finanzen des Gründungsausschusses für den bundesweiten Hörfunk am 9.3.1993, 6.4.1993 (Unternehmensarchiv Deutschlandradio, Funkhaus Köln, Ordner: Gründungsausschuss); sowie Interview Martin Eifler, 22.5.2023.
76 Gesellschaftsvertrag der ROC GmbH vom 14.6.1993, § 13 (DRA, F702-00-00/0067).
77 Protokoll zur 2. Sitzung des Kuratoriums am 23.6.1994, 12.8.1994. Protokollergänzung vom 29.9.1994 (ZDF-Unternehmensarchiv, Bestand Verwaltungsdirektor, Sign. 7/1056).

78 Vgl. Wolfgang Seifert, Atmen mit dem Orchester. Der Dirigent Marek Janowski, Mainz 2010, S. 344–351.
79 Vgl. Rüggeberg an die Justiziarinnen und Justiziare der Rundfunkanstalten der ARD, 11.5.1993 (DRA, F702-00-00/0067); Helmut Drück an die Mitarbeiter von RIAS-Berlin, 15.6.1993 (DRA, F702-00-00/0067).
80 Rechtsabteilung RIAS: Vermerk. Gesellschaftervertrag der Rundfunk-Orchester und -Chöre GmbH vom 14.6.1993, 17.6.1993 (DRA, F702-00-00/0067).
81 Vgl. Ashkenazy und der Orchestervorstand des RSO an die Mitglieder des Kuratoriums der ROC GmbH, 22.11.1993; Protokoll der 49. Sitzung des Kuratoriums der DSO GmbH am 22.12.1993, 22.12.1993 (ZDF-Unternehmensarchiv, Bestand Verwaltungsdirektor, Sign. 7/1014).
82 Interview Matthias Sträßner, 12.6.2023; Interview Ensemble-Mitglied des RSB, 14.6.2023.
83 Gesellschaftervertrag der ROC GmbH vom 14.6.1993, § 3 (DRA, F702-00-00/0067).
84 Weingarten an Gideon Rosengarten, 20.9.1993 (DRA, F702-00-00/0067); vgl. Weingarten an Sölch, 2.2.1994; Protokoll der 1. (konstituierenden) Sitzung des Kuratoriums am 15. März 1994, 12.4.1994 (ZDF-Unternehmensarchiv, Bestand Verwaltungsdirektor, Sign. 7/1014).

Einheit mit beschränkter Haftung

1 Interview Wilhelm Matejka, 14.6.2023.
2 Ebenda.
3 Ebenda.
4 Interview Matthias Sträßner, 12.6.2023.
5 Gesellschaftsvertrag der ROC GmbH vom 14.6.1993, § 4.2 (DRA, F702-00-00/0067); vgl. auch Interview Ernst Elitz, 13.6.2023.
6 Interview Matthias Sträßner, 12.6.2023.
7 Interview Wilhelm Matejka, 14.6.2023.
8 Interview Ernst Elitz, 13.6.2023.
9 Ingolf Kern, „Mißtöne um das Rundfunk-Orchester", in: Die Welt, 14.9.1996; siehe dazu auch Dieter Uhrig an Sölch, 15.9.1996 (ZDF-Unternehmensarchiv, Bestand Verwaltungsdirektor, Sign. 7/1078).
10 Interview Ernst Elitz, 13.6.2023.
11 Deutscher Bundestag, Drucksache 14/9677, 3.7.2002, Bericht der Bundesregierung über die Erfahrungen bei der Umsetzung des „Vertrages zur Kulturfinanzierung in der Bundeshauptstadt 2001 bis 2004" sowie zur künftigen Förderung der Kultur in der Bundesstadt Bonn, S. 4.

12 Weingarten an Sölch, 25.9.1994 (ZDF-Unternehmensarchiv, Bestand Verwaltungsdirektor, ROC GmbH Kuratorium, Sign. 7/1078).
13 Interview Helmut Drück, 12.6.2023.
14 ROC GmbH, 8. Sitzung des Kuratoriums am 1.4.1996, Betr.: Beratung und Feststellung des Wirtschaftsplans 1996 gemäß § 10 Abs. 3 des Gesellschaftsvertrags (ZDF-Unternehmensarchiv, Bestand Verwaltungsdirektor, ROC GmbH Kuratorium, Sign. 7/1078).
15 Protokoll der 2. Sitzung des Kuratoriums der ROC GmbH, 2.6.1994 (ZDF-Unternehmensarchiv, Bestand Verwaltungsdirektor, ROC GmbH Kuratorium, Sign. 7/1056).
16 Siehe dazu das Kapitel „Spiel ums Überleben"; Interview Anselm Rose, 7.11.2023.
17 Protokoll zur 3. Sitzung des Kuratoriums der ROC am 13.10.1994 (ZDF-Unternehmensarchiv, Bestand Verwaltungsdirektor, ROC GmbH Kuratorium, Sign. 7/1078); Interview Wilhelm Matejka, 14.6.2023.
18 Interview Hans-Hermann Rehberg, 16.5.2023.
19 Siehe etwa Silke Uhlig (Orchestervorstand RSB), zit. nach: Seifert, Atmen mit dem Orchester, S. 273.
20 Siehe etwa Interview Matthias Sträßner, 12.6.2023; Interview Christoph Singelnstein, 18.4.2023.
21 Ebenda; Interview Bernhard Heß, 19.4.2023.
22 Siehe dazu auch Interview Anselm Rose, 7.11.2023.
23 Interview Ernst Elitz, 13.6.2023; siehe dazu auch Interview Bettina Pesch, 20.4.2023; Interview Helmut Drück, 12.6.2023. Zu den von Anfang an bestehenden Problemen der ROC mit der RIAS-Big Band siehe auch Protokoll der 2. Sitzung des Kuratoriums der ROC GmbH, 2.6.1994 (ZDF-Unternehmensarchiv, Bestand Verwaltungsdirektor, ROC GmbH Kuratorium, Sign. 7/1056).
24 Siehe die detaillierte Auflistung der Probenräume in Protokoll zur 3. Sitzung des Kuratoriums am 13.10.1994 (ZDF-Unternehmensarchiv; Bestand Verwaltungsdirektor, ROC GmbH Kuratorium, Sign. 7/1078).
25 Interview Elmar Weingarten, 19.4.2023; Interview Wilhelm Matejka, 14.6.2023; Interview Dieter Rexroth, 15.5.2023.
26 Interview Dieter Rexroth, 15.5.2023.
27 Siehe dazu Interview Matthias Sträßner, 12.6.2023; Interview Dieter Rexroth, 15.5.2023; Interview Ernst Elitz, 13.6.2023.
28 Allmendinger, Staatskultur und Marktkultur, S. 226.
29 Siehe Sachstandsbericht Deutschlandsender Kultur für den Zeitraum 1.6.1992 bis 31.8.1992 für die nächste Sitzung des ZDF-Fernsehrates am 11. September, 15.8.1992 (Unternehmensarchiv Deutschlandradio, Funkhaus Köln, Ordner: Schriftwechsel mit dem ZDF).

30 Protokoll des Kuratoriums des ROC, 8. Sitzung am 1.4.1996 (ZDF-Unternehmensarchiv, Bestand Verwaltungsdirektor, ROC GmbH Kuratorium, Sign. 7/1078). Siehe dazu die Stellenpläne im Anhang des Rundfunküberleitungsvertrags Hörfunk-Überleitungsstaatsvertrag vom 17. Juni 1993 (GVBl. 1993, S. 1006, BayRS 02-10-S).
31 Interview Bettina Pesch, 20.4.2023.
32 Seifert, Atmen mit dem Orchester, S. 373ff.
33 Interview Dieter Rexroth, 15.5.2023.
34 Ebenda, 15.5.2023.
35 Interview Dieter Rexroth, 15.5.2023.
36 Interview Wilhelm Matejka, 14.6.2023.
37 Interview Dieter Rexroth, 15.5.2023.
38 Für eine uneingeschränkt positive Würdigung siehe die autorisierte Biografie von Seifert, Atmen mit dem Orchester; eine ambivalentere Einschätzung findet sich im Interview Dieter Rexroth, 15.5.2023.
39 Zum Starsystem vgl. Richard Sennett, Verfall und Ende des öffentlichen Lebens – Die Tyrannei der Intimität, Frankfurt a.M. 1983, S. 363–370; Jens Ruchatz, Personenkult. Elemente einer Mediengeschichte des Stars, in: Annette Keck/Nicolas Pethes (Hrsg.), Mediale Anatomien: Menschenbilder als Medienprojektionen, Bielefeld 2001, S. 331–350.
40 Interview Matthias Sträßner, 12.6.2023.
41 Fritz Trümpi, Politisierte Orchester. Die Wiener Philharmoniker und das Berliner Philharmonische Orchester im Nationalsozialismus, Wien 2011.
42 Interview Hans-Hermann Rehberg, 16.5.2023.
43 Interview Bettina Pesch, 20.4.2023.
44 Interview Elmar Weingarten, 19.4.2023.
45 Vgl. dazu Axel Schildt/Detlef Siegfried, Deutsche Kulturgeschichte. Die Bundesrepublik von 1945 bis zur Gegenwart, München 2009.
46 Interview Dieter Rexroth, 15.5.2023.
47 Interview Bettina Pesch, 20.4.2023.
48 Interview Hans-Hermann Rehberg, 16.5.2023; Interview Elmar Weingarten, 19.4.2023; Interview Martin Eifler, 22.5.2023.
49 Interview Dieter Rexroth, 15.5.2023; vgl. auch Interview Wilhelm Matejka, 14.6.2023.
50 Béatrice von Hirschhausen et al. (Hrsg.), Phantomgrenzen. Räume und Akteure in der Zeit neu denken, Göttingen 2015.
51 Interview Ernst Elitz, 13.6.2023.
52 Siehe etwa Interview Hans-Hermann Rehberg, 16.5.2023; Interview Dieter Rexroth, 15.5.2023.
53 Interview Dieter Rexroth, 15.5.2023.

54 Interview Bettina Pesch, 20. 4. 2023.
55 Interview Ernst Elitz, 13. 6. 2023.
56 Interview Wilhelm Matejka, 14. 6. 2023.
57 Interview Hans-Hermann Rehberg, 16. 5. 2023.
58 Interview Wilhelm Matejka, 14. 6. 2023.
59 Ebenda.
60 Interview Dieter Rexroth, 15. 5. 2023.
61 Interview Wilhelm Matejka, 14. 6. 2023.
62 Interview Dieter Rexroth, 15. 5. 2023.
63 Seifert, Atmen mit dem Orchester, S. 434.
64 „Legt Feuer in den Orchestergräben!“, in: Der Spiegel, Nr. 3/1988.
65 Interview Wilhelm Matejka, 14. 6. 2023.
66 Ebenda; Seifert, Atmen mit dem Orchester, S. 275.
67 Ebenda, S. 293.
68 Birgit Walter, „Ich behaupte nicht, ein gutes Gewissen zu haben“, in: Berliner Zeitung, 20. 3. 2004.
69 „Flierl will Neuordnung der Hauptstadt-Kultur – Weniger Orchester“, in: Handelsblatt, 13. 8. 2004.
70 Manuel Brug, „Berlins Orchester sollen neuerlich bluten“, in: Die Welt, 1. 9. 2004.
71 Eleonore Brüning, „Sparkonzert: das Orchestersterben wird fortgesetzt“, in: FAZ, 23. 8. 2004.
72 Siehe dazu Seifert, Atmen mit dem Orchester, S. 293 f.
73 Manuel Brug, „Berlins Orchester sollen neuerlich bluten“, in: Die Welt, 1. 9. 2004.
74 Seifert, Atmen mit dem Orchester, Fn. 174, S. 441.
75 Ebenda, S. 387.
76 Manuel Brug, „Zwei Berliner Orchester müssen fusionieren“, in: Die Welt online, 4. 12. 2009, https://www.welt.de/kultur/article5425400/Zwei-Berliner-Orchester-muessen-fusionieren.html.
77 Interview Matthias Sträßner, 12. 6. 2023; Manuel Brug, „Die Lehre aus der versuchten Orchesterfusion“, in: Die Welt, 10. 12. 2009.
78 Manuel Brug, „Eine Orchesterfusion in Berlin wäre ein fatales Signal“, in: Die Welt, 7. 12. 2009.
79 Interview Matthias Sträßner, 12. 6. 2023.
80 Interview Willi Steul, in: DLF, Kultur heute, 4. 12. 2009, zit. nach: Seifert, Atmen mit dem Orchester, S. 391.
81 Presseerklärung zur Gesellschaftererklärung der ROC GmbH am 8. 12. 2009, zit. nach: https://miz.org/en/news/fusion-von-rundfunk-sinfonieorchester-und-deutsches-symphonie-orchester-ist-vom-tisch-n6993.

82 Seifert, Atmen mit dem Orchester, S. 389.
83 Interview Wilhelm Matejka, 14. 6. 2023.
84 Siehe dazu und zum Folgenden auch die aus unmittelbarer zeitlicher Nähe verfassten Bemerkungen von Seifert, Atmen mit dem Orchester, S. 412 f.
85 Frank Oschmiansky, Neues Steuerungsmodell und Verwaltungsmodell, Bundeszentrale für politische Bildung, 1. 6. 2020, https://www.bpb.de/themen/arbeit/arbeitsmarktpolitik/55048/neues-steuerungsmodell-und-verwaltungsmodernisierung/; Heinrich Reinermann, New Public Management, https://www.uni-speyer.de/fileadmin/Ehemalige/Reinermann/NPMGlossar.pdf.
86 Frederik Hanssen, „Kultur Kesseltreiben. Was wird aus den Berliner Rundfunk-Ensembles?“, in: Der Tagesspiegel, 14. 2. 2010.

Fazit

1 Grußwort von Bundespräsident Horst Köhler bei der Matinee „Klangwelten“ mit kammermusikalischen Formationen der vier Klangkörper der Rundfunk-Orchester und -Chöre GmbH (ROC) Berlin, 6. Dezember 2009, https://www.bundespraesident.de/SharedDocs/Reden/DE/Horst-Koehler/Reden/2009/12/20091206_Rede.html.
2 Siehe https://www.deutschlandfunk.de/25-jahre-roc-von-der-notloesung-zum-erfolgsmodell-100.html.
3 Tom Buhrow, „Wir müssen die große Reform wagen, jetzt“, in: FAZ, 2. 11. 2022.
4 Clemens Haustein, „Stabile Orchester“, in: FAZ, 25. 1. 2024. Siehe auch Hartmut Welscher, „Quadratur des Kreises. Wohin mit den Rundfunkorchestern“, in: VAN Magazin, 13. 1. 2023, https://van-magazin.de/mag/rundfunkorchester/; ders.: „Wie die Axt im Walde“, in: VAN Magazin, 9. 11. 2022,https://van-magazin.de/mag/tom-buhrow-rundfunkorchester/.
5 Vgl. etwa: Manuel Brug, „‚Kultureller Vandalismus‘? Die BBC schafft ihren Chor ab“, in: Die Welt, 15. 3. 2023, https://www.welt.de/kultur/article244302167/BBC-schafft-ihren-Chor-ab-Kultureller-Vandalismus.html; unisono Deutsche Musik- und Orchestervereinigung e. V. (Hrsg.), Warum der öffentlich-rechtliche Rundfunk seine Klangkörper braucht. Positionspapier, 10. 5. 2023, https://uni-sono.org/wp-content/uploads/2023/05/WirSindKulturauftrag-Positionspapier.pdf; Nadia Khomami, “BBC changes course on proposed cuts to English orchestras”, in: The Guardian, 13. 4. 2023, https://www.theguardian.com/music/2023/apr/13/bbc-changes-course-on-proposed-cuts-to-english-orchestras.

6 Veronique Zanetti, Spielarten des Kompromisses, Frankfurt a. M. 2022.

7 Albert O. Hirschman, Exit, Voice, and Loyalty. Responses to Decline in Firms, Organizations, and States, Cambridge MA 1970; dt.: Abwanderung und Widerspruch. Reaktionen auf Leistungsabfall bei Unternehmungen, Organisationen und Staaten. Übersetzung aus dem Englischen von Leonhard Walentik, Tübingen 1974, unveränd. Neuausg. 2004; siehe dazu Nikola Tietze, Dynamische Loyalitäten in der Migration. Albert O. Hirschmans analytischer Blick auf „Abwanderung und Widerspruch" (1970/74), in: Zeithistorische Forschungen/Studies in Contemporary History, Online-Ausgabe 15 (2018) 3, https://zeithistorische-forschungen.de/3-2018/5625.

8 Siehe dazu auch Interview Anselm Rose, 7. 11. 2023.

9 Georg Simmel, Das Ende des Streits, in: Rüdiger Kramme/Angela Rammstedt, Georg Simmel (Hrsg.), Aufsätze und Abhandlungen 1909–1918, Bd. 1, Frankfurt a. M. 2001, S. 333–344.

10 Steffen Mau, Ungleich vereint. Warum der Osten anders bleibt, Berlin 2024.

11 Interview Anselm Rose, 7. 11. 2023.

12 Vgl. dazu Böick/Goschler/Jessen (Hrsg.), Jahrbuch Deutsche Einheit 2023, Berlin 2023.

13 Alf Lüdtke, Eigen-Sinn. Fabrikalltag, Arbeitererfahrungen und Politik vom Kaiserreich bis in den Faschismus, Münster 2015.

Anhang

Abkürzungen

APuZ	Aus Politik und Zeitgeschichte
ARD	Arbeitsgemeinschaft der öffentlich-rechtlichen Rundfunkanstalten der Bundesrepublik Deutschland
BMI	Bundesministerium des Innern
BSO	Berliner Symphonie-Orchester, späteres Konzerthausorchester
DLF	Deutschlandfunk
DOV	Deutsche Musik- und Orchestervereinigung
DRA	Deutsches Rundfunkarchiv Potsdam
DS Kultur	Deutschlandsender Kultur
DSO	Deutsches Symphonie-Orchester Berlin, das frühere RSO
FAZ	Frankfurter Allgemeine Zeitung
KEF	Kommission zur Ermittlung des Finanzbedarfs der Rundfunkanstalten
MABB	Medienanstalt Berlin-Brandenburg
NFL	Neue Fünf Länder GmbH
NORA	Nordostdeutsche Rundfunkanstalt
PDS	Partei des Demokratischen Sozialismus
RBB	Rundfunk Berlin-Brandenburg
RBT	Ostberliner Rundfunk Tanzorchester
RIAS	Rundfunk im Amerikanischen Sektor

ROB	Rundfunkorchester Berlin
RSB	Rundfunk-Sinfonieorchester Berlin
RSO	Radio-Symphonie-Orchester, das spätere DSO
RTO	RIAS-Tanzorchester, die spätere RIAS-Big Band
SED	Sozialistische Einheitspartei Deutschland
SenKult	Senatsverwaltung für Kulturelle Angelegenheiten
SFB	Sender Freies Berlin
SKzl	Senatskanzlei
SOB	Symphonisches Orchester Berlin
SV	Senatsverwaltung
SWF	Südwestfunk
ZDF	Zweites Deutsches Fernsehen

Bibliografie

Allmendinger, Jutta, Staatskultur und Marktkultur. Ostdeutsche Orchester im Vergleich, in: Mitteldeutscher Kulturrat (Hrsg.), Analysen – Kultur und Kulturträger in der DDR, Berlin 1993, S. 217–281.

– /Hackman, Richard J., Organizations in a Changing World: The Case of East-German Orchestras, in: Administrative Science Quarterly 41 (1996), S. 337–369

Barclay, David E., Kein neuer Mythos. Das letzte Jahrzehnt West-Berlins, in: APuZ 65 (2015) 46, S. 37–42.

– A "Complicated Contrivance". West Berlin behind the Wall 1971–1989, in: Silberman, Marc et al. (Hrsg.), Walls, Borders, Boundaries. Spatial and Cultural Practices in Europe, New York/Oxford 2012, S. 113–130.

Beal, Amy C., The Army, the Airwaves, and the Avant-Garde: American Classical Music in Postwar West Germany, in: American Music 21 (2003) 4, S. 474–513.

Böick, Marcus, Die Treuhand. Idee – Praxis – Erfahrung 1990–1994, Göttingen 2018.

– /Goschler, Constantin/Jessen, Ralph (Hrsg.), Jahrbuch Deutsche Einheit 2023, Berlin 2023.

– /Goschler, Constantin/Jessen, Ralph, Editorial, in: dies. (Hrsg.), Jahrbuch Deutsche Einheit 2010, Berlin 2010, S. 7–14.

– /Goschler, Constantin, Wahrnehmung und Bewertung der Arbeit der Treuhandanstalt, Bochum 2017 (Studie im Auftrag des Bundesministeriums für Wirtschaft und Energie), https://www.bmwk.de/Redaktion/DE/Publikationen/Studien/wahrnehmung-bewertung-der-arbeit-der-treuhandanstalt-lang.pdf?__blob=publicationFile&v=1.

– /Lorke, Christoph, Zwischen Aufschwung und Anpassung. Eine kleine Geschichte des „Aufbau Ost“, Bonn 2022.

Bösch, Frank, Vorreiter der Privatisierung. Die Einführung des kommerziellen Rundfunks, in: Frei, Norbert/Süß, Dietmar (Hrsg.), Privatisierung. Idee und Praxis seit den 1970er Jahren, Göttingen 2012, S. 88–107.

– /Classen, Christoph, Bridge over troubled Water? Deutsch-deutsche Massenmedien, in: Bösch, Frank (Hrsg.), Geteilte Geschichte. Ost- und Westdeutschland 1970–2000, Göttingen 2015, S. 449–488.

Darschin, Wolfgang/Zubayr, Camille, Warum sehen die Ostdeutschen anders fern als die Westdeutschen?, in: Media Perspektiven 6 (2000), S. 249–257.

Davydchik, Maria, Transformation der Kulturpolitik. Kulturpolitische Veränderungen nach dem Zusammenbruch des sozialistischen Systems in Mittel- und Osteuropa, Wiesbaden 2011.

Deutsch, Pia, Identitäten im Umbruch. Das Deutschlandradio als „Nationaler Hörfunk“, 1989–1994, Bielefeld 2020.

Diepgen, Eberhard, Die Insel wird Festland, in: ders. (Hrsg.), Erlebte Einheit. Ein deutsches Lesebuch, Berlin/Frankfurt a.M. 1995, S. 7–42.

Dietl, Sylvia, Transformation und Neustrukturierung des DDR-Rundfunks im Prozess der Wiedervereinigung Deutschlands. Akteure, Interessen, Prozesse, München 2022.

Dietrich, Gerd, Kulturgeschichte der DDR, Bd. I: Kultur in der Übergangsgesellschaft 1945–1957, Göttingen 2018.

– Kulturgeschichte der DDR, Bd. III: Kultur in der Konsumgesellschaft 1977–1990, Göttingen 2018.

Diller, Ansgar, Der Nationale Hörfunk, in: Schwarzkopf, Dietrich (Hrsg.), Rundfunkpolitik in Deutschland, Bd. 2, München 1999, S. 978–1007.

Dussel, Konrad, Deutsche Rundfunkgeschichte, 4. überarb. Aufl., Köln 2022.

Elitz, Ernst, Erhofftes und Erreichtes, in: Jenke, Manfred (Hrsg.), Bundesweit und werbefrei. Zehn Jahre DeutschlandRadio, Berlin 2003, S. 27–42.

Feldgen, Hans-Ludwig, „Band läuft", in: Traber, Habakuk (Hrsg.), Das andere Orchester. Zur Geschichte des Deutschen Symphonie-Orchesters Berlin, Berlin 1998, S. 53–59.

Frey-Vor, Gerlinde/Mohr, Inge: 25 Jahre Deutsche Einheit – Fernsehnutzung in Ost und West, in: Media Perspektiven 10 (2015), S. 453–469.

Georgi, Steffen et al. (Hrsg.), Musizieren für das Radio, Würzburg 2023.

– RSB-Programmbroschüre 2023/2024, Berlin 2023.

Großmann, Ulf, Soviel Anfang war nie – Kulturpolitik nach der „Wende". Entwicklung der kulturellen Infrastruktur in den alten und neuen Bundesländern, in: Sievers, Norbert et al. (Hrsg.), Jahrbuch für Kulturpolitik 2015/16. Transformatorische Kulturpolitik, S. 97–106.

Hirschhausen, Béatrice von et al. (Hrsg.), Phantomgrenzen. Räume und Akteure in der Zeit neu denken, Göttingen 2015.

Hirschman, Albert O., Exit, Voice, and Loyalty. Responses to Decline in Firms, Organizations, and States, Cambridge 1970; dt.: Abwanderung und Widerspruch. Reaktionen auf Leistungsabfall bei Unternehmungen, Organisationen und Staaten. Übersetzung aus dem Englischen von Leonhard Walentik, Tübingen 1974, unveränd. Neuausg. 2004.

Hoff, Inga et al., Öffentlich-rechtlicher Rundfunk in Ostdeutschland, in: Machill, Marcel et al. (Hrsg.), Medienfreiheit nach der Wende. Entwicklung von Medienlandschaft, Medienpolitik und Journalismus in Ostdeutschland, Konstanz 2010, S. 189–252.

Jacobshagen, Arnold, 30 Jahre Strukturwandel der Orchesterlandschaft. Hat die kulturelle Substanz Schaden genommen?, in: Gerald Mertens (Hrsg.), Orchesterland Deutschland. Wie die deutsche Einheit die Orchesterlandschaft verändert hat, Mainz 2020, S. 13–24.

– Strukturwandel der Orchesterlandschaft: Die Kulturorchester im wiedervereinigten Deutschland, Köln 2000.

Janik, Elizabeth, The Symphony of a Capital City. Controversies of Reunification in the Berlin Music Community, in: Costabile-Heming, Carol A./Halverson, Rachel J./Foell, Kristie A. (Hrsg.), Berlin –

The Symphony Continues. Orchestrating Architectural, Social, and Artistic Change in Germany's New Capital, Berlin/New York, S. 145–154.

Jenke, Manfred (Hrsg.), Bundesweit und werbefrei. Zehn Jahre DeutschlandRadio, Berlin 2003.

Jungmann, Irmgard, Kalter Krieg in der Musik: Eine Geschichte deutsch-deutscher Musikideologien (KlangZeiten, Bd. 9).

Keller, Dietmar, Minister auf Abruf. Möglichkeiten und Grenzen von 121 Tagen im Amt, Berlin 1990.

Kelly, Elaine, Composing the Canon in the German Democratic Republic. Narratives of Nineteenth-Century Music, Oxford 2014.

– /Wlodarski, Amy, Introduction, in: dies. (Hrsg.), Art Outside the Lines. New Perspectives on GDR Art Culture, Leiden 2011, S. 1–18.

Knoblich, Tobias J., Der Artikel 35 des Einigungsvertrages und seine kulturpolitisch-konzeptionellen Folgen für die gesamte Bundesrepublik, in: Institut für Kulturpolitik der Kulturpolitischen Gesellschaft (Hrsg.), Jahrbuch für Kulturpolitik 2012. Neue Kulturpolitik der Länder, Essen 2012, S. 35–43.

Kohli, Martin, Die DDR als Arbeitsgesellschaft? Arbeit, Lebenslauf und soziale Differenzierung, in: Kaelble, Hartmut/Kocka, Jürgen/Zwahr, Hartmut (Hrsg.), Sozialgeschichte der DDR, Stuttgart 1994, S. 31–60.

Krause, Scott H., Bringing Cold War Democracy to West Berlin. A Shared German-American Project, 1940–1972, London/New York 2019.

Kundler, Herbert, RIAS Berlin. Eine Radiostation in einer geteilten Stadt. Programme und Menschen: Texte – Bilder – Dokumente, Berlin 2002.

Lemke, Michael (Hrsg.), Schaufenster der Systemkonkurrenz. Die Region Berlin-Brandenburg im Kalten Krieg (Zeithistorische Studien 37), Köln 2006.

Lojewski, Günther/Zerdick, Axel (Hrsg.), Rundfunkwende. Der Umbruch des deutschen Rundfunksystems nach 1989 aus Sicht der Akteure, Berlin 2000.

Lüdtke, Alf, Eigen-Sinn. Fabrikalltag, Arbeitererfahrungen und Politik vom Kaiserreich bis in den Faschismus, Münster 2015.

Mau, Steffen, Ungleich vereint. Warum der Osten anders bleibt, Berlin 2024.

Mertens, Gerald, Deutsche Orchesterlandschaft – quo vadis?, in: Sievers, Norbert/Föhl, Patrick S./Knoblich, Tobias J. (Hrsg.), Jahrbuch für Kulturpolitik 2015/16. Transformatorische Kulturpolitik, Bielefeld 2016, S. 209–217.

– Am Anfang war die Musik. Die Bedeutung des öffentlich-rechtlichen Rundfunks für die deutsche Orchesterkultur, in: das Orchester 11/2008, S. 26–29.

– (Hrsg.), Orchesterland Deutschland. Wie die deutsche Einheit die Orchesterlandschaft verändert hat, Mainz 2020.

Monod, David, Settling Scores. German Music, Denazification, and the Americans, 1945–1953, Chapel Hill/London 2006.

Oschmiansky, Frank, Neues Steuerungsmodell und Verwaltungsmodell, Bundeszentrale für politische Bildung, 1.6.2020, https://www.bpb.de/themen/arbeit/arbeitsmarktpolitik/55048/neues-steuerungsmodell-und-verwaltungsmodernisierung/.

Pestel, Friedemann, Prekäre DDR-Repräsentation: Die Europa-Tourneen des Leipziger Gewandhausorchesters in den 1950er bis 1980er Jahren, in: Revue d'Allemagne et des pays de langue Allemande 51 (2019) 1, S. 83–97.

Pfeifer, Anton, Die Kulturpolitik der Bundesregierung unter Helmut Kohl im Zeichen der deutschen und europäischen Einigung, in: Buchstab, Günther/Kleinmann, Hans-Otto/Küsters, Hanns Jürgen (Hrsg.), Die Ära Kohl im Gespräch. Eine Zwischenbilanz, Köln/Weimar/Wien 2010, S. 247–265.

Pufendorf, Lutz von, Jeder Tag kann ein Fest sein, oder: Aufstieg aus einer Katastrophe, in: Traber, Habakuk (Hrsg.), Das andere Orchester. Zur Geschichte des Deutschen Symphonie-Orchesters Berlin, Berlin 1998, S. 14–41.

– Vorwort, in: Traber, Habakuk/Hinke, Roman/Zimmermann, Peter (Hrsg.), Stimmungswandel. Ein Portrait des RIAS Kammerchors, Berlin 1998, S. 6f.

Reinermann, Heinrich, New Public Management, https://www.uni-speyer.de/fileadmin/Ehemalige/Reinermann/NPMGlossar.pdf.

Reiter, Udo, Die Gründung des Mitteldeutschen Rundfunks (MDR), in: Tichy, Roland/Dietl, Sylvia (Hrsg.), Deutschland einig Rundfunkland? Eine Dokumentation zur Wiedervereinigung des deutschen Rundfunksystems 1989–1991, München 2000, S. 173–186.

Rinnerthaler, Maria, Selbst- und Fremdbild des Rundfunk-Sinfonieorchesters Berlin in der DDR. Inszenierung und Rezeption von Gastkonzerten im Spiegel der Presse, in: Georgi, Steffen et al. (Hrsg.), Musizieren für das Radio, Würzburg 2023, S. 171–188.

Ritter, Gerhard A., Der Preis der deutschen Einheit. Die Wiedervereinigung und die Krise des Sozialstaats, München 2006.

ROC GmbH (Hrsg.), Rundfunk Sinfonieorchester Berlin 1923–1998, Berlin 1998.

Röbenack, Silke, Der lange Weg zur Einheit. Die Entwicklung der Arbeitslosigkeit in Ost- und Westdeutschland, Bonn, Bundeszentrale für politische Bildung, 15. 10. 2020, https://www.bpb.de/geschichte/deutsche-einheit/lange-wege-der-deutschen-einheit/47242/arbeitslosigkeit.

Rödder, Andreas, Deutschland einig Vaterland. Die Geschichte der Wiedervereinigung, München 2008.

Roloff-Momin, Ulrich, Zuletzt: Kultur, Berlin 1997.

Ross, Alex, The Rest is Noise. Das 20. Jahrhundert hören, München 2013.

Ruchatz, Jens, Personenkult. Elemente einer Mediengeschichte des Stars, in: Keck, Annette/Pethes, Nicolas (Hrsg.), Mediale Anatomien: Menschenbilder als Medienprojektionen, Bielefeld 2001, S. 331–350.

Schildt, Axel/Siegfried, Detlef, Deutsche Kulturgeschichte. Die Bundesrepublik von 1945 bis zur Gegenwart, München 2009.

Seifert, Wolfgang, Atmen mit dem Orchester. Der Dirigent Marek Janowski, Mainz 2010.

Sennett, Richard, Verfall und Ende des öffentlichen Lebens – Die Tyrannei der Intimität, Frankfurt a. M. 1983, S. 363–370.

Silverberg, Laura, 'Monopol der Diskussion?' Alternative Voices in the Verband Deutscher Komponisten und Musikwissenschaftler, in: Kelly, Elaine/Wlodarski, Amy (Hrsg.), Art Outside the Lines. New Perspectives on GDR Art Culture, Leiden 2011, S. 193–211.

Simmel, Georg, Das Ende des Streits, in: Kramme, Rüdiger/Rammstedt, Angela/Simmel, Georg (Hrsg.), Aufsätze und Abhandlungen 1909–1918, Bd. 1, Frankfurt a. M. 2001, S. 333–344.

Stahl, Heiner, Jugendradio im Kalten Ätherkrieg. Berlin als eine Klanglandschaft des Pop (1962–1973), Berlin 2010.

Stolte, Dieter, Ein Blick zurück mit Wehmut und doch mit Stolz, in: Jenke, Manfred (Hrsg.), Bundesweit und werbefrei. Zehn Jahre DeutschlandRadio, Berlin 2003, S. 11–16.

Sträßner, Matthias, Orpheus spricht mit Amphion, in: Jenke, Manfred (Hrsg.), Bundesweit und werbefrei. Zehn Jahre DeutschlandRadio, Berlin 2003, S. 107–120.

Ther, Philipp, Die neue Ordnung auf dem alten Kontinent. Eine Geschichte des neoliberalen Europa, Berlin 2014.

Tichy, Roland/Dietl, Sylvia (Hrsg.), Deutschland einig Rundfunkland? Eine Dokumentation zur Wiedervereinigung des deutschen Rundfunksystems 1989–1991, München 2000.

Tietze, Nikola, Dynamische Loyalitäten in der Migration. Albert O. Hirschmans analytischer Blick auf „Abwanderung und Widerspruch" (1970/74), in: Zeithistorische Forschungen/Studies in Contemporary History, Online-Ausgabe 15 (2018) 3, https://zeithistorische-forschungen.de/3-2018/5625.

Törne, Lars von, Mühlfenzl oder Eine westdeutsche Medienpolitik nach Gutsherrenart, in: Dümcke, Wolfgang/Vilmar, Fritz (Hrsg.), Kolonialisierung der DDR. Kritische Analysen und Alternativen des Einigungsprozesses, 3. Aufl., Münster 1996, S. 299–317.

Tompkins, David, Orchestrating Identity. Concerts for the Masses and the Shaping of East German Society, in: German History 30 (2012), S. 412–428.

Traber, Habakuk (Hrsg.), Das andere Orchester. Zur Geschichte des Deutschen Symphonie-Orchesters Berlin, Berlin 1998.

- /Hinke, Roman/Zimmermann, Peter (Hrsg.), Stimmungswandel. Ein Portrait des RIAS Kammerchors, Berlin 1998.
- Der Rundfunk und der Chor – eine kleine Skizze zur Mediengeschichte, in: ders./Hinke/Zimmermann (Hrsg.), Stimmungswandel. Ein Portrait des RIAS Kammerchors, Berlin 1998, S. 20–27.
- Moderne ohne Dogma, in: ders./Hinke/Zimmermann (Hrsg.), Stimmungswandel. Ein Portrait des RIAS Kammerchors, Berlin 1998, S. 28–39.

Tröger, Mandy, Pressefrühling und Profit. Wie westdeutsche Verlage 1989/1990 den Osten eroberten, Köln 2019.

Trümpi, Fritz, Politisierte Orchester. Die Wiener Philharmoniker und das Berliner Philharmonische Orchester im Nationalsozialismus, Wien 2011.

Voß, Marie Luise, Das Rundfunk-Sinfonieorchester Berlin und Beethovens Neunte Sinfonie als Institution im Spiegel der Deutschen Geschichte, in: Georgi et al. (Hrsg.), Musizieren für das Radio, S. 149–170.

Wangemann, Eberhard, Ein Stück Orchestergeschichte – von einem, der dabei war, in: Traber, Habakuk (Hrsg.), Das andere Orchester. Zur Geschichte des Deutschen Symphonie-Orchesters Berlin, Berlin 1998, S. 95–108.

Wiedervereinigung und Systemwechsel versus Bewahrung kultureller Substanz? Gerald Mertens im Gespräch mit Martin Eifler, in: Mertens, Gerald (Hrsg.), Orchesterland Deutschland. Wie die deutsche Einheit die Orchesterlandschaft verändert hat, Mainz 2020, S. 33–42.

Wirsching, Andreas, Der Preis der Freiheit. Geschichte Europas in unserer Zeit, München 2012.

Zanetti, Veronique, Spielarten des Kompromisses, Frankfurt a. M. 2022.

Quellen

Die Akten der Berliner Senatsverwaltung sind aktuell noch in Gebrauch und verfügen deshalb noch nicht über eine Archivsignatur.

Archive

Land Berlin
Senatsverwaltung für Kultur und Europa

Deutschlandradio Berlin
Dokumentation und Archive

Deutschlandradio Köln
Unternehmensarchiv Deutschlandradio
- Gründungsausschuss für den bundesweiten Hörfunk
- Unterausschuss Verwaltung/Finanzen des Gründungsausschusses für den bundesweiten Hörfunk
- Unterausschuss Programm des Gründungsausschusses für den bundesweiten Hörfunk
- Unterausschuss Klangkörper des Gründungsausschusses für den bundesweiten Hörfunk
- Schriftwechsel mit dem ZDF
- Übergang Nationaler Hörfunk

Deutsches Rundfunkarchiv Potsdam
RIAS
- F602-00-00/0076
- F602-04-00/0081
- F702-00-00/0031

F702-00-00/0067
F702-00-00/0080
F702-00-00/0081
F704-06-00/004
F705-00-00/020

DS Kultur

DSK/00061

Akten der Einrichtung und der NFL

SO/CH 286

ZDF

Unternehmensarchiv ZDF

Bestand Verwaltungsdirektor
Sign. 7/1014
Sign. 7/1056
Sign. 7/1078

Interviews

Elmar Weingarten
Intendant RSO/DSO 1991–1994
Intendant ROC 1994–1996

Dieter Rexroth
Intendant ROC 1996–2001; Intendant DSO 1996–2006
Gesamtdramaturg ROC 2001–2006

Bettina Pesch
Intendantin ROC 2001–2006

Ernst Elitz
Intendant Deutschlandradio 1994–2001
Kuratoriumsvorsitzender ROC

Anselm Rose
Geschäftsführer ROC seit April 2018

Eberhard Diepgen
Regierender Bürgermeister Berlin 1990–2001

André Schmitz
Chef der Senatskanzlei Berlin 2001–2006
Staatssekretär für Kultur Berlin 2006–2014

Martin Eifler
Wiss. MA im Kulturministerium der DDR 1989/1990
Seit 1991 Referent zunächst im BMI, dann im Bundeskanzleramt

Matthias Sträßner
Deutschlandradio, Beauftragter des Intendanten für die ROC
Kuratoriumsmitglied ROC

Helmut Drück
Intendant RIAS 1990–1993

Christoph Singelnstein
Letzter Intendant des DDR-Hörfunks

Wilhelm Matejka
Versch. Funktionen in der Abteilung Musik beim SFB 1987–1997
Kuratoriumsmitglied sowohl der RSO GmbH als auch der ROC

Jörg Wehling
Abteilungsleiter Dokumentation und Archive Deutschlandradio

Peter Praschek
Arbeitsstab des Rundfunkbeauftragten 1990/1991

Stefan Lang
Redakteur DS Kultur/Ressortleiter Musik Deutschlandradio

Bernhard Heß
Chordirektor des RIAS Kammerchor

Hans-Hermann Rehberg
bis August 2021 Chordirektor des Rundfunkchor Berlin

Ensemblemitglieder ROC

Personenregister